이렇게 살아도 행복해

이렇게 살아도 행복해

초판 1쇄   2017년 11월 25일

지 은 이 _ 김인숙
펴 낸 이 _ 이태형
펴 낸 곳 _ 국민북스
편   집 _ 김한윤
디 자 인 _ 서재형

등록번호 _ 제406-2015-000064호
등록일자 _ 2015년 4월 30일

주   소 _ 경기도 파주시 문발로 139 고래곰나비 402호 우편번호 108881
전   화 _ 031-955-0707
이 메 일 _ kirok21@naver.com
ISBN 979-11-88125-04-3 03230

이렇게 살아도 행복해

김인숙

국민북스

추천의 글

누구에게나 인생은 초행길이다. 그래서 누구나 인생을 어려워한다. 시행착오를 반복하고, 잘못된 길로 가면서도 그 길이 잘못됐다는 사실조차 모르기도 한다. 이때 도움을 줄 안내가 필요하다. 그것은 이미 앞서 간 순례자가 남긴 삶의 지도와 교훈이다. 이 책은 이 땅의 사람들을 잘 안내해 줄 소중한 지도와 교훈을 담고 있다. 이 책에는 지식보다는 순례의 경험과 깨달음에 따른 지도와 교훈이 가득하다. 이 책은 단순한 글 모음이 아니다. 앞서 이 땅을 잘 살았던 순례자가 남긴 삶의 지도와 교훈이 한 권의 책으로 축적된 것이다.

저자는 여성이 직업을 갖는 것이 금기시 되던 봉건적 사회의 틀을 깨고 나온 1세대 페미니스트요, 40년 아동인권을 지켜온 1세대 시민사회(NGO) 인권 운동가이다. 자연스레 이 책은 1세대 페미니스트이자 인권운동가였던 저자의 투쟁기이기도 하다. 그러나 저자는 외치지 않고 고요하게 독자들을 설득한다. 그는 오직 실력과 성실, 겸손과 헌신으로 말했고 결과로서 입증해 왔던 자신의 삶을 담담하게 증언하고 있다. 실로 저자의 삶과 그 삶에서 나온 열매는 그 어떤 운동가 이상의 힘을 지니고 있다. 그러기에 이 책에서는 삶과 신앙이 일치하는 인격의 힘이 묻어난다.

이 책은 전문직 여성들뿐 아니라 이 시대에 자신의 삶을 성공적으로 성취하면서도 아름답게 살고자하는 이들에게 훌륭한 삶의 지도와 교훈이 될 것이다. 저자는 일인자가 되고자 싸우지 않았다. 난관에 굴하지 않고 그 난관을 조용히 극복했다. 권력과 명예를 좇지 아니하였다. 오직 기쁘게 헌신할 수 있는 자리를 택했다. 그 길을 끝까지 걸었고 지금도 그 길을 걷고 있다.

스스로 말한 것처럼 그는 '퍼실리테이터'(Facilitator · 촉진자)이다! 어떤 일이든 최선을 다하며, 어떤 사람이든 동등한 입장에서 만나 깨달음을 주고 삶의 변화를 이룰 수 있도록 촉진하는 사람 말이다. 이는 오랜 기간 함께 영적 교제를 나누고 기도하면서 자연스레 저자를 존경하게 된 자로서 꼭 증언하고 싶은 소감이다. 이 소중한 책을 기쁘게 추천한다.

이 주 연(산마루 교회 담임목사)

'가장 작은 자'를 사랑하며 한 평생 외길을 걸어온 김인숙님은 대한민국 'Humanitarian NGO'의 산 증인이자 역사이다. 저자는 외국의 원조를 받아야 했던 60년대 중반에 대학을 졸업하고 국제 구호단체 한국 지부에서 사회의 첫발을 내 디뎠다.

이렇게 시작한 '가장 작은 자'를 향한 사랑의 실천은 오늘날까지 계속되어 현재 아동인권 전문가로서 열정을 쏟아 일하고 있다.

탁월한 외국어 능력을 바탕으로 유엔 아동권리협약의 국내 이행을 위한 연구와 국제적인 협력을 통한 아동인권에 관련한 정보와 지식을 공유하여, 모든 어린이가 행복하게 살아갈 수 있도록 아동 권리에 대한 이론과 실제를 정립하였다. 이렇게 축적한 지식과 경험을 대학 강단과 현장에서 가르치고 실천하며 이를 널리 보급하는데 힘쓰고 있다. 아내로서, 어머니로서 쉽지 않은 길을 택하여 한 길을 걸으며 사명감 실천에 온 힘을 쏟을 수 있었던 저자의 원동력이 무엇이었는지 이 책을 읽으며 알게 되었다. 진솔하게 쓰인 이 책을 통해 진정한 NGO 활동가의 삶이 어떤 것인지, 갖추어야 할 덕목이 무엇인지를 많은 NGO 활동가들이 함께 배우고 실천하기를 기대한다.

이 땅에서 힘겹게 일하는 여성들에게, 특히 NGO 일꾼들에게, 하나님을 사랑하는, 그래서 하나님의 기쁨과 영광이 되길 원하는 친구들에게, 쉽지 않은 노년기를 살아가는 사람들에게 이 귀한 책을 추천한다.

정 해 원(굿네이버스 창립회장, 현 명예이사장)

'나의 모든 일의 시작과 끝의 주인이 누구인지 알기에 그럴 수 있었다'는 정신으로 쓰인 이 책은 많은 가치를 담고 있다. 제목과 본문의 내용에 모조리 공감 되어 한 글자도 놓치고 싶지 않았다. 그 이유는 내 삶의 모델이 되기에 충분한 한 사람이 지나온 인생의 여정이자 믿음의 행적이기 때문이다. 저자의 일생을 이끌어 주신 하나님의 섭리와 은혜가 얼마나 섬세한지 책을 읽으며 느끼게 되어 가슴 뛰고 흥분되었다. 나는 저자의 지나온 삶의 궤적을 좋아한다. 꾸준하고 한 길을 살아오셨다. 넘치거나 혹은 부족하지도, 그렇다고 연약하지도 않고 늘 당당한 모습이었다. 아주 조용히 도전하고 또 도전해온 그의 발자취는 한국 현대사회에서 일하는 여성의 산 역사이기도 하다. 일하면서 보여준 그의 변함없는 열정과 집중력은 어디서 오는 것인지 늘 궁금했다. 저자는 항상 읽고 쓴다. 그리고 변명하거나 많은 말을 하지 않는다. 다만 그는 그가 하는 일을 사랑한다. 삶의 내면의 목소리를 경청하는 진중한 삶의 태도가 신비하기까지 했다. 그는 초지일관 핵심 가치와 정신을 중시하며, 그것을 프로그램화 하여 현장에서 실천으로 이끌어 낸 분이다. 여성과 아동인권, 지역 사회 개척이 그 활동의 키워드라 할 수 있을 것이다.

나는 아주 오래 시간이 흐른 뒤에 저자를 다시 만났다. 내 인생의 처음 직장인 '세이브더칠드런'에서 만나 깊은 인상을 간직했고, 20년도 훨씬 지난 지금 다시 만나 내 삶이 제대로 가고 있는지를 반추 해볼 수 있게 되었으니 이 또한 행복하지 아니한가? 다소 산만하고 세상사 여기저기 관심도 많고, 가끔은 세상에 드러나 으뜸 되기를 즐겨 하던 나에게, 이 분은 주어진 삶을 하나님의 뜻이라는 나무에 접목하여 그 줄기 안에서 자양분을 공급받으며 살아가는 모습이 무엇인지 보여주었다. 저자의 삶의 한 조각에 내가 개입되었다는 사실에 가슴이 벅차다. 내 인생에도 그가 동행했던 예수님의 향기가 동일하게 흘러나오기를 기도한다.

일상을 살아 내기도 바쁜 세상에서 사람들이 다른 이의 삶의 행적에 얼마나 관심을 가질까? 그러나 한 사람이 한 분야에서 일하면서 살아온 흔적은 하나의 역사이다. 그래서 추적해서 따라가

보고 그 안에 잠재되어 있는 생각과 태도, 마음을 함께 느껴 보는 것도 이 책을 통해 얻을 수 있는 유익이리라 믿는다. 또한 이 책은 믿음의 길을 안내하는 책이기도 하다. '어떻게 신앙할 것인가?', '어떤 태도로 인생을 걸어갈 것인가?'라는 질문에 크리스천으로서의 담백한 대답을 담고 있다.

강 경 숙(원광대학교 중등특수교육과 교수)

처음 추천의 글을 부탁받았을 때 걱정이 먼저 앞섰다. '내가 어떻게 감히 나의 멘토의 원고에 추천의 글을 쓸 수 있을까?'라는 생각을 극복하는데 솔직히 며칠이 걸렸다. 이 고민 저 고민 하다가 원고를 읽기 시작하면서 엄청난 감동과 울림을 느꼈다. 저자는 스스로를 '작은 들꽃'이라고 말하지만, 결코 작은 들꽃이 아니다. 내가 20여 년 동안 곁에서 보고, 경험하고, 느낀 저자는 '거대한 등대'와 같은 분이다. 바로 코앞도 볼 수 없는 깜깜한 어둠 속에서 무사히 빠져나갈 수 있게 묵묵히 언제나 그 자리에서 밝은 빛을 밝히는 거대한 등대이지 결코 작은 들꽃은 아니다. 타인을 존중하고, 오로지 타인을 위해 전혀 부담을 주지 않는 등대이다. 그분은 나를 포함해서 대한민국 대부분의 사람들이 '아동의 권리'를 모르고 있을 때 유엔 아동권리 협약을 우리에게 소개하고 차근차근 가르쳐 주셨다. 나는 그와의 만남을 아주 특별한 만남이라고 믿고 있다. 저자의 경험은 아동을 대상으로 연구하거나 아동을 위해서 일하는 모든 이, 그리고 무엇보다도 우리나라의 모든 아동에게도 귀한 것이다. 인생의 어느 지점에서건, 어떠한 일을 하고 있건, 남녀노소를 불문하고 삶에 대한 안내가 필요한 사람들에게 이 책을 추천한다.

이 양 희(유엔미얀마특별보고관, 성균관대학교 교수, 전 유엔아동권리위원장)

차 례

제 3장 신앙의 유산

제 4장 영적 가족

5장 초월적 안목

6장 인권 감수성

맺는 글 · 220

들어가는 글

어렸을 때, 사람들이 말했다. "여자는 반쪽이라고. 시집가면 남의 식구가 되는 거니까, 사과도 반 만 먹으라고…." 내가 그런 말을 들은 것은 초등학교에 다니던 시절이었다. 중학교에 다니던 때, 장충체육관 앞에서 을지로 6가를 향해 대로변의 인도를 걷고 있었다. 한 낮인데도 인적이 드물었다. 아무 생각 없이 걷고 있었다. 맞은편에서 젊은 군인이 걸어오고 있었다. 그가 내 곁을 스치는 순간에 억센 주먹이 나의 배를 강타했다. 순간 '헉!'하며 숨이 막혔다. 정신을 차리고 뒤를 돌아보니 청년은 아무 일도 없었던 듯 여유 만만하게 걸어가고 있었다.

프랑스 유학을 꿈꾸던 시절, 명동에 있는 알리앙스 프랑세즈 (Alliance Francaise)라는 학원에 다녔다. 배우 알랭 들롱을 닮은 프랑스인 교사가 가르쳤다. 어느 날 소유대명사의 성과 형용사의 성의 일치를 배우던 날이었다. 수업 시간에 그가 갑자기 나를 손가락으로 가리키더니 "Son cou est court!"(송 꾸 에 꾸르)라고 외쳤다. 그러자 학생들은 폭발하는 웃음을 참으며 모두 따라 했다. "Son cou est court!"(그녀의 목은 짧다!) 교사는 프랑스어의 까다로운 문법을 쉽게 이해시키려고 한 여대생의 외모를 이용했다.

대학 졸업 후 일터에서 만난 직장 상사가 나에게 말했다. "여자가 과장 승급을 하려면 부장의 실력을 갖추어야 한다"고. 30여 년 전 일터에서 내가 들은 말이다. 이 땅에 여자로 태어나서 많은 일들을 겪으며 살았다. 이치에 맞지 않는 말을 들어도, 억울한 일을 당하고 어이없이 폭력을 당해도 따지거나 불평하거나 비난하거나 원망하지 않았다. 묵묵히 앞만 보고 살았다.

나는 아들만 둘을 낳았다. 운 좋게도 두 아들이 가정을 이루더니 나에게 4명의 사랑스러운 손녀를 안겨 주었다. 맏손녀가 초등학교 3학년 되던 해 바르게 걷는 법을 가르쳤다. 긴 선을 그어 놓고, 자세를 바로하고 시선을 평행선에서 45도 위에 두라고 했다. 배를 들이밀고, 가슴과 어깨를 펴고 걷되 넓적다리가 서로 부딪치게 선을 따라 바르게 걸으라고 말했다. 아이에게 모델 훈련을 시키는 것이 아니었다. 여자에게 걸음걸이는 매우 중요하다고 가르쳤다. 한 눈 팔지 말라 했다. 걸음의 속도는 조금 빠르게 하라고 했다. 걷는 모습을 보면 나쁜 마음을 가진 사람도 피해 간다고 말했다. 어릴 때 경험이 바탕이 된 가르침이다.

나는 어처구니없는 일을 당하며 자랐지만, 다음 세대를 살게 될 모든 아이들을 보호해야 했다. 그리고 스스로 자기를 지킬 수 있는 힘과 지혜를 어릴 때부터 훈련하길 원했다. 사람은 누구에게나 약점도 있고, 장애가 되는 요소를 지닐 수 있다. 키가 큰 아이도 있고, 작은 아이도 있다. 마른 아이도 있고 살 찐 아이도 있다. 목이 긴 아이도 있고 목이 짧은 아이도 있다. 운동을 잘하는 아이도 있고, 둔한 아이도 있다. 그러나 어떤 조건도 자기가 하고자 하는 일에 장애가 되어서는 안 된다. 아이들이 가진 어떤 약점도 타인으로 인해 물건처럼 이용당하는 일은 없어야 한다. 어리고 약하다고 힘센 사람으로부터 폭력을 당하는 일은 미리 막아야 한다. 평생 상처가 되어 살지 않도록 예방해야 한다.

이것이 내가 이 책을 세상에 내놓을 결심을 한 이유이다. 아이들이 얼마나 존귀한 존재인지 알리고 싶어서이다. 이 땅에 인간으로 태어났기에 존엄성을 존중 받아야 하는 아이들을 그 누구도 함부로 하지 못하도록 막아야 할 책임과 의무가 나에게 있다고 믿었다. 스티브 잡스가 한 말은 늘 나에게 도전을 준다. "우리는 거대한 우주에 아주 조그만 변화를 주기 위해 존재한다. 그렇지 않다면 우리의 존재 이유는 없다."

아주 조그만 변화를 주기 위해 나는 변화 인자(change agent)로 살기를 결심했다. 지난 40여 년간 비정부기구(Non Governmental Organization·NGO)에서 일했다. NGO는 국민의 세금으로 경영하며 무엇인가를 통제하는 힘과 권한이 부여된 기관이 아니다. 상품을 개발하고 제품을 생산하여 이윤을 남기는 영리기관(Profit

Organization·PO)도 아니다. NGO의 주 된 역할은 변화 인자(change agent)가 되는 것이다. 따라서 NGO는 '옳은 일을 올바르게 하는 기관'이다. 사람의 인식과 생각, 태도를 바뀌게 하는 역할을 하는 전문 직업단체이다. 사람이 바뀌도록 도우므로 사회가 바뀌고 결국 온 세상이 바뀌도록 일하는 것을 사명으로 삼는다. 그래서 NGO에서 일하는 사람들에게 가장 필요한 것은 '가치관'이고 '사명감'이다.

이 책은 나의 자녀들에게 남기는 유언이고 유산이다. 누구나 이 땅을 떠나는 것이 분명하지만, 언제 어떻게 떠날지 알지 못한다. 자녀들에게 하고 싶은 말이 있어도 못하고 떠날 수 있다. 손녀들에게 알려주고 싶은 이야기가 있어도 알려주지 못하고 떠날 수 있다. 친구들과 후배들에게 권하고 싶은 말이 있어도 하지 못하고 떠날 수 있다. 친구들과 나누고 싶은 말이 있어도 하지 못하고 떠날 수 있다. 그래서 내가 하고 싶은 말과 이야기를 글로 적어 책을 만들었다.

어릴 때부터 일기를 썼다. 어른이 되면서, 나는 일기 대신 저널(journal)을 쓰기 시작했다. 저널 노트가 헤아릴 수 없이 많이 쌓였다. 이 책은 내 나이 예순을 넘기고 일흔에 접어든 시기에 쓴 저널을 모아 정리한 글이다. 31년 6개월 이라는 긴 세월 동안 일했던 세이브더칠드런이라는 국제 NGO를 떠나서 국제아동인권센터로 옮겨 일하는 과정이 담겨 있다. 나의 70평생 가장 힘들고 아픈 시절을 견디며 살아낸 이야기들을 담았다.

　나는 그동안의 삶을 갈무리 하는 마음으로 이 책을 썼다. 총 6개의 장으로 나누어 나의 일, 나의 존재, 나의 신앙, 나의 가족, 초월적 안목과 인권 감수성 그리고 영성에 대한 나의 생각을 모았다. 이 책을 나의 자녀들, 친구들, NGO에서 활동하는 일꾼들, 가정과 직장을 함께 지키며 자녀를 양육하는 여성들, 그리고 노년기를 살아가는 나의 또래 친구들과 나누고 싶다. 무엇보다도 나의 이야기가 모든 아이들과 청소년들에게 유익이 되길 소망한다.

　나의 소원은 이 땅의 모든 아이들의 할머니가 되는 것이다. 한 분야에서 오래 일한다고 전문가가 되는 것이 아니듯, 나이를 많이 먹는다고 할머니가 되는 것은 아니라 믿는다. 나는 이 세상 모든 아이들에게 제대로 할머니 노릇을 하며 살고 싶다. 할머니는 무조건 아이들을 사랑하고 편들어 주는 존재이다. 아이들이 위험에 처할 때 아무 조건 없이 온 몸으로 아이를 감싸주는 존재…. 조건 없이 사랑하고 조건 없이 편들어 주는 존재, 그런 존재로 사는 것이 할머니이다. 나는 이 세상 모든 아이들의 할머니이고 싶다. 이것이 나의 소원이다.

제
1
장

나의 일

나의 일이 있는 여성이 되라

　어릴 적 나의 꿈은 '이웃을 돕는 자가 되는 것'이었다. 철없던 시절, 이웃을 돕는 일을 하려면 반드시 돈 많은 부자여야 한다고 생각했다. 자기의 재산을 이웃과 나누는 일을 하는 자선사업가가 '이웃을 돕는 사람'이라고 믿었다. '사회사업가는 자선사업을 하는 사람'이라는 나름의 정의를 가지고 있었다. 대학 입학을 준비하던 1960년대 초반에는 전쟁 직후여서 고아, 전쟁미망인, 피난민들이 많았다. 정부도, 기업도, 개인도 어려운 이웃을 돕기는 역부족인 상황이었다. 더구나 전쟁이 터지자 북한 고향 땅에 모든 것을 남겨 두고 빈손으로 남하한 우리 가정의 형편 또한 여유롭지 못했다. 어릴 적 사회사업가의 꿈을 접고 교수가 되는 꿈을 키워 갔다. 책 읽기와 외국어를 좋아하던 나는 불문학을 선택해서 공부하기 시작했다. 대학을 졸업하고 바로 유학의 길에 오르기 위해 만반의 준비를 마쳤을 때, 어릴 때 함께 놀던 소꿉친구의 청혼을 받았다. 그는 유학 대신 결혼을 제안했고, 난 그 제안에 따르면서 한 가지 다짐을 받았다. 결혼 후, 우리가 어떤 상황에 처하게 되더라도 나는 '나의 일'을 하길 원한다는 제안이었다. 그는 그 제안을 받아들였다.

　나는 전문직 여성으로 사회에 기여하기를 원했다. 1960년대 중반에 한국에서 대학의 문을 나선 여성에게 취업문은 매우 좁았다. 불어와 영어를 가르칠 수 있는 교사 자격증이 있었지만 당시에는 사범대학을 졸업하지 않으면 교사가 되기 어려웠다. 처음부터 취업을 생각하고 공부한 것이 아니고 유학을 준비하던 나로서는 '나의 일'을 갖는 것이 쉽지 않음을 절실히 깨달았다. 어느 날 선배 한 분이 해외원조 단체를 소개해 주었다. 그 인연으로 나는 미국 시카고에 본부를 둔 컴패션(Compassion)이란 해외원조 단체의 한국 지부에서 전문직 여성으로의 첫발을 딛게 되었다. 이 단체는 한국전쟁 직후 발생한 수많은 전쟁고아를 돕는 해외원조 단체였다. 당시 외국어를 할 수 있는 여성에게 가장 인기 있는 직장 중 하나였다. 근무 환경과 대우가 좋았기 때문이다. 교사의 월급이 7만 원 정도였을 때 두 배가 넘는 15만 원을 받았고, 토요일은 근무하지 않았다. 그건 당시에 대단한 혜택이었다. 처음 부여받은 업무는 고아들의 편지를 영어로 옮기고, 외국 후원자들의 편지를 한국어로 번역하는 일이었다. 나는 기계처럼 정확하게 출근하여 30장 정도의 편지를 번역하고 오전과 오후에 15분씩 우유와 도넛이 제공되는 휴식 시간을 가지고, 정확한 시간에 퇴근했다. 이 직장은 결혼한 여성인 나에게 안성맞춤이었다. 그 당시로는 더없이 좋은 직장이었지만, 나는 반복되는 업무가 지루하기도 했고, 현실에 안

주하게 되었다.

매너리즘에 빠져 고민하던 중 같은 해외원조 단체이면서 사업 접근 방식이 매우 판이한 다른 해외원조 기관을 찾았다. 미국인 디렉터를 만나 인터뷰하고 오전과 오후에 입사 시험을 보았다. 그 시험은 언어 테스트만이 아닌, 사업 현장에서 아동이 처한 어려운 상황을 제시하고, 사례를 분석하며 해결안을 제시하는 것이었다. 나는 운이 좋았던지 시험에 통과되어 미국 코네티컷 주에 본부를 둔 세이브더칠드런(미국 지역사회개발 재단/아동복리회·SCF/CDF)에 입사하게 되었다. 그때가 1978년 5월이었다. 내가 어릴 때부터 꿈꾸던 일이 현실이 되고 있었다. 기관의 책임자 프레리 박사(Dr. Melvin.E. Frery)는 나에게 선택권을 주었다. 사무실 근무와 현장 업무(Field Worker) 중 하나를 택하라고 했다.

나는 현장 업무는 '절대로' 못한다면서 '나는 결혼한 여자'라고 강조했다. 그는 관대하게 나에게 사무실 근무를 허락했다. 그런데 일 년도 지나기 전에 사무실 근무가 바로 싫증이 났다. 그 일은 결코 신명나지 않았다. 당시 맡았던 업무는 산골 오지, 농촌과 도서지역에 파견되어 주민들과 함께 일하는 사업 조정관(field coordinator)들의 사업 보고서를 받아 번역하여 미국 본부로 보내는 일이었다. 한국어를 영어로 번역하려면 한글 원문이 반듯해야 한다. 조정관들의 보고서를 번역하는 일은 쉽지 않았다. 전국 각지에 흩어져 활동하는 조정관들의 보고

서를 읽으면서, 내가 직접 현장에 가서 주민들과 일하면 좀 더 현장감 있는 글을 쓸 수 있겠다는 마음이 들기 시작했다. 나는 어렵사리 남편의 허락을 받아 차츰 낙후 오지 지역 개발 현장으로 발을 들여놓기 시작했다.

먼저 나는 지역의 유지와 주민들을 만났다. 지역 유지들의 지혜와 주민들의 잠재력을 보니 그들의 의식과 삶의 변화 가능성이 보였다. 나는 큰 희망을 보았고, 농촌의 지역 주민들과 만나 필요한 교육 훈련 사업을 계획하고 시행하면서 주민들의 내면에 숨겨진 자질과 용기를 확인할 수 있었다. 나는 그들의 삶 속으로 서서히 접근해 가기 시작했다. 그러나 주민들의 삶에 깊이 접근할수록 내 역량의 한계가 드러나기 시작했다. 다른 사람의 삶에 변화를 이끌어 내는 일은 따뜻한 마음과 열정만으로 되지 않음을 깨달은 것이다. 고등 학문을 마쳤으나 나에게는 한 단계 높은 차원의 훈련 과정이 필요했다. 세이브더칠드런은 미국에 본부를 둔 단체여서 연수의 기회가 종종 있었으나 그 기회는 늘 경력 많은 남성 간부들의 몫이었다.

우연한 기회에 나는 미국 국무성이 주관하는 국제 프로그램 (Council of International Program·CIP)에 대한 정보를 얻게 되었다. 나는 가족들에게 알리지 않고 일단 신청서를 작성하고 서류들을 준비하기 시작했다. 그 프로그램에는 4개월 코스와 13개월 코스가 있었지만, 가정 주부였기에 단기 코스를 신청했다. 서류 심사에 합격하고 미국 담당관들과의 인터뷰 후 합격 통지를 받았다. 여러 날 동안 어떻게 남편의 허락을 받을 수 있을지 고심했다. 두 아들의 반응도 걱정되었다.

어느 날 저녁, 남편과 아이들에게 내가 4개월간 미국 연수를 다녀오길 원한다고 말했다. 두 아들은 긍정적으로 반응해 주었다. 그러나 남편은 아무 말이 없었다. 그는 다 결정해 놓고 통보하는 식의 나의 태도가 못마땅했던 것이다. 하루가 지난 다음 날, 그는 조용히 물었다. "꼭 가야겠어요?" 나는 "꼭 가고 싶다"고 분명히 말했다. 허락받지 못할까 봐 두려워서 미리 말하지 못한 것을 남편에게 사과했다. "일을 계속 하고 싶어요. 그리고 기왕 일을 한다면 아주 잘하고 싶어요. 요즘 일터에서 역량의 부족함을 느끼다보니 스스로 견디기 힘들어요"라고 남편에게 고백했다. 결국 남편은 나를 보내 주었다. 그는 결혼 전에 했던 나와의 약속을 지켜 주었다. 내가 보람 있는 일을 찾도록 전문직 여성의 길을 허락해 준 것이다.

국제 NGO 활동을 하면서 만난 외국 친구들은 내가 결혼했고 두 아들을 두었다는 사실에 놀라곤 했다. 한국의 엄격한 가부장적인 문화 속에서 어떻게 부녀자가 그렇게 열성적으로 활동할 수 있느냐는 것이다. 물론 우여곡절도 많았지만 사랑하는 남편과 두 아들의 격려와 든든한 지원이 있었기에 때로는 산골 오지로, 때로는 뉴욕이나 제네바와 같은 대도시로, 때로는 과테말라와 도미니카공화국 등 제 3 세

계의 개발 사업 현장을 누비며 40여 년간 국제 NGO 활동가의 삶을
감당할 수 있었다.

너의 일이 천직이고 성직이 되게 하라

전문직 여성(career woman)의 여정이 한 단계 마무리 되는 시점이 왔다. 31년 6개월 동안 하루같이 일하던 일터, 세이브더칠드런을 떠나게 되었다. 나는 '떠날 때는 뒷모습을 아름답게 하라'는 잠언을 기억했다. 나는 나의 직업을 천직으로 알았고, 결국 그 일은 성직이 되길 소망했기에 떠남도 담담했다. 내 모든 일의 시작과 끝의 주인이 누구인지 알기에 그럴 수 있었다.

지인들은 나의 떠남을 '은퇴'라고 했고, 다른 이들은 '정년 퇴임'이라고 했다. 나의 떠남에 대해 사람들이 뭐라 하든, 나는 이 떠남을 다른 세상으로 향한 새로운 발걸음이라 생각했다. 큰 조직에서 일하면 유익한 점도 많지만 제한도 적지 않다. 특히 비영리 조직의 일꾼은 업무 현장에 바로 대처하는 능력과 감각이 있어야 한다. 비영리 조직이 너무 커지면 현장의 요청에 바로 대응하지 못하거나 잘못 대응하는 일이 종종 생긴다. 나는 NGO조직의 규모가 자꾸 비대해 지는 것을 우려하는 사람 중 한 명이다. 최근 비영리 단체들이 예산의 규모를 키우고, 모금이나 마케팅에 집중하면서 비영리 단체들이 기업 경영의 형태로 전환되는 것에 불안감을 느끼곤 한다. 이런 변화의 추세는 정신(ethos)의 구현이나 투철한 사명감의 실천이 뒷전으로 밀려나면서 조직의 정체성이 희석될 수 있다는 우려를 하게 한다. 이것은 기관의 생명을 잃는 것과 같은 심각한 문제이다.

일터에서 내가 추구하는 것은 존엄성을 지닌 한 인간으로서 나와 동등한 타인의 존엄성을 존중해 주는 사회가 되도록 변화 인자가 되는 것이다. 특히 나의 일은 아동과 청소년을 포함한 '세상에서 가장 작은 자'들을 편들어 주는 것에 집중 되어 있다. 그래서 내가 하는 일이 나이가 들면 못하는 일이라고 생각해 본 적이 없다. 오히려 나이를 먹을수록 유연하게 더 잘 할 수 있는 일이라고 믿는다. 나의 꿈은 '이 세상 모든 아이들의 할머니'가 되는 것이다.

오랫동안 일한 정든 일터를 떠나 새로운 참 벗들을 만난 것은 행운이었다. 나는 그들과 함께 그동안 해온 일을 여전히 하게 되었다. 사명과 비전을 공유하는 사람들이 모여, 함께 연구하고 교육하고 훈련하는 일을 하는 새로운 장을 마련한 것이다. 이 장에는 욕심이나 집착도 없는, 순수한 마음들이 모였다. 이 새 장에서 사람들이 자유를 누리며, 누구의 간섭이나 속박이나 규제 없이, 각자의 기량을 맘껏 펼치며 일하는 조직인 국제아동인권센터(International Child Rights Center)가 생겨난 것이다. 국제아동인권센터는 소수가 일하는 조직이지만 강한 의지와 열정이 있는 준비된 사람들의 모임이다.

나를 아는 사람들은 '김인숙은 끝났다'고 생각했지만 나는 다시 시작했다. 문이 닫혔다고 생각했을 때, 새로운 다른 문이 열렸다. 새로 열린 문으로 들어간 지 얼마 되지 않아 나에겐 기대하지 못한 기이한 일들이 일어났다. 그것은 예상치 못한 선물이었다. 나는 2012년 대한민국 인권상 국민포장을 수여받았다. 이어서 서울시 어린이·청소년 인권위원회의 위원으로 활동할 기회가 주어졌다. 또한 서울시 교육청의 학생인권 추진위원으로 학생인권 문제에 참여하게 되었다. 많은 사람들이 끝이라고 할 때 나는 다시 시작했다.

커리어 우먼이 되라 🌿

　모파상, 빅토르 위고, 볼테르, 까뮈, 사르트르…. 불문학 전공 학생이라는 자부심에 충만해 철없이 친구들과 몰려다니던 대학시절, 우리들의 입에 늘 오르내리던 이름이었다. 그렇다고 위고, 까뮈, 사르트르를 제대로 아는 것도 아니었다. 학기 초에 읽어야 할 책들이 정해지면, 당시엔 희소가치로 인해 비싸고 구하기 어려운 원서들을 구하려고 광화문을 누비고 다녔다. 때로는 어렵사리 구입한 책을 가방에도 넣지 않고 자랑스럽게 손에 들고 다니던 때도 있었다.

　당시 대학 총장은 졸업반 학생 전체를 대강당에 모아놓고, 졸업 전 마지막 학기 필수 과목인, '여성과 직업'을 강의했다. 졸업예정자 중 98%가 '현모양처'를 꿈꾸었다. 오직 2%만이 전문직 여성을 추구하던 시절이었다. 총장의 강의 내용 중 지금도 잊지 않고 기억하는 말이 있다. "이 시대에 여성이 직업을 가지려면 필수적으로 충족시켜할 세 가지 필요(need)가 있다. 제 1은 건강에 A+를 맞아라, 제 2는 IQ에 A+를 맞아라. 제 3은 사명감(commitment)에 A+를 맞아라."

　전문직 여성을 꿈꾸는 2%에 속했던 나는 이 세 가지 목표를 달성하기 위해 노력했다. 졸업 후, 당당히 사회에 발을 내디뎠다. 그러나 내가 공부한 불어와 불문학은 전문직 직장여성의 길을 열어 줄 능력이 없는 것처럼 보였다.

1965년 봄, 내가 대학 문을 나설 즈음에 내 또래 여성이 취업할 수 있었던 직종은 열 손가락으로 꼽을 수 있을 정도였다. 교사, 간호사, 비서 등의 분야에 취업의 문이 열려 있었다. 그때 나는 불문학을 전공한 것을 후회했다. 다행스럽게도 어학을 즐겨했던 덕분에, 당시 전쟁고아와 미망인들을 돕는 해외원조 단체에 들어가 외국어를 도구로 일을 시작하였다. 나는 건강하였고, 일에 대한 남다른 사명과 열정이 있었기에 항상 즐거운 마음으로 일했다. 내가 일하는 분야에서 부족함을 느끼면 다시 필요한 부분을 보완했다. 나의 일에 진정성을 가지려고 노력했다. 모교 총장님이 당부한 세 분야에 A+를 받으려고 평생 애썼다.

어느새 직업을 가진 여성으로 살아온 지 40여 년이 지났다. 그리고 지금도 여전히 일하고 있다. 그동안 일터에서 연륜을 더해가면서 졸업 초기에 가졌던 짧은 생각, 즉 불문학을 전공한 것을 후회했던 그 마음을 철회했다. 철없이 감상에 빠져들던 마음이 아닌, 인생의 고난과 아픔을 아는 영혼이 되어, 손때 묻은 원서들을 다시 꺼내 읽으며 새로운 깨달음과 감동을 느낄 수 있게 되었다.

한국에서도 히트한 뮤지컬 영화 '레미제라블 · Les Miserables'을 보

이렇게 살아도 행복해

면서 참으로 행복했다. 많은 사람들이 이 영화에 대하여 다양한 언어로 평가를 했다. 그러나 내 식으로 표현하자면, 레미제라블은 '인권 감수성과 영성'을 가장 아름다운 방법으로 가르치는 훌륭한 교과서이다. 레미제라블은 진정 프랑스의 국민 시인이라 칭함을 받은 빅토르 위고의 명작 중 명작이다. 세월이 지나 빅토르 위고가 다시 내 인생에 찾아온 느낌이었다.

힘이나 명예보다 귀한 것이 있음을 알라

　나는 으뜸이 되는 일엔 관심이 없다. 뭐든 잘해야 한다는 마음은 변함이 없다. 무슨 일이든 잘하려면 열심히 해야 한다고 생각한다. 그러나 나는 경쟁에서 이기기 위해서 애쓰거나, 다른 사람들 위에 군림하는 일을 추구하지는 않는다.

　어릴 때 나는 몸이 가벼웠고 놀이를 좋아했다. 그 때는 아이들을 위한 놀이터나 놀이기구가 거의 없었던 시절이었다. 고무줄넘기는 아이들에게 무척 인기 있는 놀이였다. 편을 갈라서 고무줄넘기를 하게 되면, 내가 속한 팀은 계속해서 고무줄을 넘었고, 상대 팀은 오랫동안 고무줄을 붙잡고 있어야 했다. 그래서 친구들은 나를 어느 팀에도 끼어 주지 않았다. 대신 아이들은 나를 '깍두기'라는 이름으로 공평하게 양 팀을 위해 고무줄을 넘는 특혜를 주기도 했다. 내가 깍두기를 하면 양 팀은 거의 공평하게 돌아가면서 놀이를 즐길 수 있었다. 나는 양 팀을 위해서 고무줄넘기를 즐겼고 지치지도 않았다. 친구들이 제안한 그 혜택을 마냥 즐겼다. 그래서 나는 1950년대 어려운 피난 시절, 친구들보다 운동화 값이 배로 들어 부모님이 걱정하셨다.

　　　　　　　　　　　　　　　　　　　　　이렇게 살아도 행복해

중학교에 입학한 나는 키가 작아 신체적으로 열세였으나, 유난히 구기 종목에 뛰어난 감각을 보여 농구 선수가 되었다. 농구가 너무 재미있어서 다른 친구들보다 먼저 운동장으로 나가서 뛰고 공을 만졌다. 중학교 2학년 때 처음으로 공식 경기에 출전하게 되었다. 그 날 코치는 나에게 주장으로 나가라고 했다. 난 주장이 되는 것보다는 내 위치를 든든히 지키는 훌륭한 선수가 되고 싶었다. 시합이 있을 때마다 나는 '명 가드' 혹은 '명 포드'라는 명성을 얻으며 내 포지션을 지키는 일에 최선을 다해 팀을 승리로 이끄는 보람과 기쁨을 누렸다. 나는 끝내 팀의 주장은 맡지 않았다.

성인이 되어 운 좋게도 내가 하고 싶은 일을 마음껏 할 수 있는 일터에서 오랜 세월 일했다. 그것은 내게 큰 행운이었다. 그러다 내가 일하던 기관이 2004년 다른 한 조직과 합병을 하게 되었다. 그때 나는 기관의 실무 책임자인 상임이사였고, 상대방 기관에도 실무 책임자가 있었다. 새 이사장에 의해 새로운 관리 책임자가 영입되면서 합병이 된 기관에 3명의 실무 임원이 동역하게 되었다. 그 중에 한 사람이 회장이 되었다, 나는 부회장을, 새로 영입된 분이 관리 본부장을 맡았다. 그런데 이상하게 세 사람이 하나가 되지 못하는 불편함이 있었다. 이사장과 본부장은 기관의 현 체제에 변화가 필요하다고 생각하는 것 같았다. 합병 후 6개월 만에 회장이 조직을 떠났다. 당시 회장은 오랜 기간 사회복지 분야에서 인정받으며 모금 활동을 해 왔고, 부회장인 나는 사업에 집중했고, 새로 영입된 본부장은 조직 관리에 탁월한 능력을 지니고 있었다. 이러한 각각의 특성을 지닌 세 사람의 실무 임원이 서로의 강점을 모아 협력하면 조직이 크게 성장할 수 있다고 나는 믿었다. 그러나 그런 일은 일어나지 않았다. 회장이 조직을 떠난 후, 이사장이 나에게 제안했다. "당신이 부회장이니 서열상 당신이 회장을 맡을 수 있다. 회장을 맡아서 해봐라." 나는 그 제안을 받지 않았다. "나는 사업을 하는 사람이다. 나는 거의 100년의 역사를 가진 이 국제 NGO의 핵심 가치와 정신(ethos)을 프로그램으로 실천하는 것을 사명으로 알고 수십 년간 한 길을 걸어왔다. 난 사업을 책임지는 부회장으로 족하며 사업으로 조직에 기여하길 원한다"고 분명하게 말했다.

나는 나를 안다. 어려서부터 으뜸 되는 자리에 관심이 없다. 책임을 지기 싫어서가 아니다. 나에겐 기쁘게 할 수 있는 일이 있다. 내가 온 마음을 다해 투신할 일을 갖고 있다. 그 일을 하는 것이 나의 기쁨이고 보람이다. 나는 신명나는 일과 그로 인해 얻을 수 있는 기쁨을 잃고 싶지 않았다. 나는 일인자의 명예와 영광을 사양한다.

나는 남과 비교하지 않는다. 경쟁하며 힘 겨루는 일에 관심이 없다. 함께 돕고 즐기며 살아도 짧은 인생이다. 서로 경계하며 그저 이기거나 앞서려 하고 지배하려 하는 분위기에 휘말리는 것은 결코 원치 않는다. 나는 일을 좋아하기에 일을 즐기면서 살고 싶다. 나는 단순하

이렇게 살아도 행복해

고 순수하며 담백하게 일하며 살고 싶다. 일은 나의 생존의 이유이기 때문이다.

나는 능력 있는 일꾼이고 싶다. 능력 있는 이인자가 되는 것, 그것이 나의 꿈이다. 일인자가 성공하는 것을 돕고 싶다. 내가 능력이 된다면 일인자가 영광을 받도록 돕기 원한다.

퍼실리테이터(facilitator · 촉진자)가 되라

일터에서 보낸 내 삶의 기간이 무려 40년이다. 이제 내 직업은 일이 아닌 삶이 되었다. 내가 뭘 하는 사람인지 궁금해 하는 사람이 많다. 그 호기심의 발단은 내가 '은퇴 후에도 여전히 일하는 것'에 있는 것 같다. 나의 직업은 '퍼실리테이터(facilitator · 촉진자)'이다. 퍼실리테이터? 그것이 무엇인가?

나에게 세 살 아래의 여동생이 있다. 동생은 초등학교부터 중학교, 고등학교, 대학교까지 내가 공부한 학교에서 교육을 받았다. 40년 동안 여학교 교사로 일했다. 동생은 대학 졸업과 동시에 시작된 교직 생활 40년간 하루같이 성실하게 학생들을 가르쳤다. 교직 40년째 되는 해에 일말의 아쉬움도 없이 퇴임하였다. 퇴임 후 내 동생은 건강관리, 여행, 음악회 참석이나 연극 · 영화 관람, 친구들과의 모임 등으로 하루하루 여유롭고 즐겁게 살고 있다. 동생은 자신에게 부여된 사명이 완결 되었다고 믿는다. 자신이 가르쳐야 할 것을 충실히 가르쳤다고 생각한다. 이젠 편하게 쉬며 즐겁게 살고 싶다고 한다.

나는 왜 그게 안 될까? 왜 "이만 하면 내 사명이 성취되었다"는 자족감이 오지 않을까? 그건 내가 교사, 즉 선생님이 아니고 퍼실리테이터이기 때문이다. 퍼실리테이팅(facilitating)은 교육자와 학습자가 동등한 입장에서 시작한다는 것을 전제한다. 퍼실리테이터는 깨달음을 통해 삶의 변화를 이루려는 사람들과 만나, 그 사람들의 배움의 전 과정에 참여하여 안내하고 촉진하는 사람이다. 이 과정에서 퍼실리테이터 자신도 배우고 깨닫는다. 퍼실리테이터는 학습자가 배우고 깨닫는 데 필요한 지식과 정보, 기술을 충실히 준비해야 한다. 상대방을 이해하고 포용하는 마음도 훈련되어야 한다. 상대방의 생각을 읽고 그들의 표현을 경청할 수 있는 능력은 필수이다. 퍼실리테이터는 완성된 존재가 아니고, 교육 참가자들과 함께 만들어져 가는 일꾼일 뿐이다. 무에서 유를 만들어 내고, 학습자의 다양한 성장 배경과 환경과 성품에 맞게, 또 학습자들의 준비도에 적절하게 대응해야 하는 것이 퍼실리테이터의 기능이다. 그래서 이 일은 "다 이루었다"고 할 수 없기에 늘 새롭다. 그래서 지루하지 않고 즐겁다.

아동인권 옹호가가 되는 교육 훈련 과정은 이러하다. 사람들이 이미 지니고 있는 지식과 정보, 기술을 활용하여 아동인권에 대한 정보와 지식을 전하고, 그들에게 아동을 새로운 관점에서 만나는 기회를 부여한다. 그들의 내면에 잠재되어 있는 인권 감수성을 향상시켜 삶에 적용하도록 돕고, 실제로 삶의 현장에서 아동의 인권이 보장, 보호, 존중, 충족되도록 지원한다.

이 과정에는 교사나 선생이라는 호칭은 없다. 교육 훈련장에는 퍼실리테이터(facilitator)와 동역자(colleague)들만 있을 뿐이다. 학습자들은 배우면서 퍼실리테이터와 동역하고, 퍼실리테이터는 교육 훈련 과정을 진행하면서 참가자들과 동역한다. 교육 훈련의 전 과정을 통하여, 수차례 공감과 존중, 소통이 일어난다. 그 과정에서 견해의 차이와 편견 혹은 고정관념이 빚어내는 갈등과 부딪치기도 한다. 교육 훈련이 현장에서 성공적으로 진행될 때, 엄청난 지식과 정보가 삶의 현장으로 연결되어 실천될 수 있음을 확인한다. 퍼실리테이터는 머릿속에 가득 차있는 지식을 꺼내서 나누어 주는 사람이 아니다. 학습자의 경험이 배움의 장에 펼쳐지고, 논의되도록 이끄는 사람이다. 이 과정에서 처음부터 끝까지 흥미롭고 긴장되며 유익한 교육 훈련의 장이 만들어 진다.

서로 배우기에 누구도 지루함을 느끼지 않는다. 매일 새로운 것을 깨우치니 신난다. 지치지 않고 피곤하지 않다. 의도하지 않았던 새롭고 유익한 방향이 제시될 때 모두 힘을 얻는다. 자신감도 생긴다. 어렵고 난해한 이론을 쉽고 재미있게 풀어가는 과정을 즐길 수 있다. 그래서 유엔(UN)에서는 퍼실리테이팅 기법으로 인권 교육을 이끌어 가는 교육을 '인권을 위한', '인권에 관한', '인권을 통한' 교육이라 한다.

전문가라 자만하지 말라

　누구나 아동이 누구인지 알아야 한다. 이 세상 누구도 아동기를 거치지 않고 어른이 된 사람은 없다. 아동들과 엮이지 않고 살 수 있는 사람도 없다. 그래서 모든 사람이 아동을 알고 아동의 인권을 배우는 일은 필수적이다. 더욱 필요한 것은 아동인권을 삶 속에서 실천하는 것이다.

　'아동인권 교육'이라 하지 않고 '아동인권 교육 훈련'이라고 하는 이유도 정보와 지식을 습득하는 것으로 끝나지 않고, 훈련 과정이 포함된 교육이기 때문이다. 지식과 정보를 전달하는 일보다 인권 감수성을 향상시키는 것이 중요하다. 아동에 대한 인식 증진, 아동을 대하는 태도와 자세에 변화를 이끌어 내는 훈련의 과정 또한 필수적이다. 이 과정에는 적절한 교육 훈련 자료의 개발이 전제되어야 하고, 교육 훈련을 진행하는 사람의 자질과 태도가 절대적인 조건이 되어야 함은 물론이다. 그리고 교육을 진행하는 방법과 기술이 교육의 주요 요소로 자리한다.

　맬콤 글래드웰의 '일만 시간의 법칙'에 의하면 한 분야에서 일하는 사람이 한 가지 일에 만 시간을 투자하면 그 분야의 전문가가 된다. 평생 한 분야에 몸담고 일하는 사람에겐 솔깃한 말일 수 있다. 그러나 그것은 일의 종류와 분야에 따라 맞는 말일 수도 있고, 아닐 수도 있다.

아동인권 교육 훈련에 만 시간 이상을 투자했다고 누구나 전문가가 되는 것은 아니다. 이 분야에선 전문가라는 단어를 함부로 사용하기 어렵다. 겸양으로 하는 말이 아니다. 아동인권 교육 훈련은 교육 대상이 누구냐에 따라 같은 내용도 다르게 접근하고, 다른 방법으로 진행해야 하기 때문이다. 매일 하는 일이라서 눈 감고도 해낼 수 있는 그런 일이 아니라는 뜻이다. 언제나 처음으로 시도하는 것 같은 자세와 마음가짐으로 교육에 임할 수밖에 없다. 같은 일을 일만 번 해서 그 분야의 전문가가 되었다면 특별한 준비 없이도 척척 진행할 수 있어야 하는데, 아동인권 교육 훈련은 그렇게 할 수가 없다. '참여 민주주의식'으로 진행되는 아동인권 교육 훈련의 기법으로 우리는 퍼실리테이팅 기법(facilitating skill)을 사용하는데 그 기술은 오랜 경험이 있다고 '전문가가 되는 것'을 허용하지 않는다. 이 교육 훈련은 늘 새롭고, 늘 긴장되고, 늘 흥미롭다.

맬콤 글래드웰의 일만 시간 법칙을 믿고 전문가로 자처하며 만족하기 보다는 그 일을 더 잘할 수 있는 새로운 방법을 연구하는 것이 더 유익하다. 최근 국제아동인권센터에서 새롭게 연구하여 진행하는 접근법이 있다. 그것은 팀 접근(Co-Facilitating Approach)기법이다. 국제 아동인권센터에 상설된 아동인권 옹호 전문가 과정에서 우리는 팀 접근 기법을 시도하고 있다. 이 방법은 정해진 시간 안에 다양한 프로그램을 함께 진행하므로 교육 효과를 극대화하는 방법이다.

20여 년 전, 나는 미국 마이애미에서 세이브더칠드런이 주관한 모금 기술 연수에 참여한 적이 있다. 그때 강사로 초청된 인디애나 주립대학교의 교수 두 분이 팀 접근 기법으로 워크숍을 진행하였다. 그들에게서 모금 기술도 배웠지만, 나는 그들의 교육 진행 방법인 팀 접근 기법에 완전히 매료되었다. 그 연수에서 노련한 석좌교수 한 분이 젊은 교수와 함께 간략하고 명료화된 이론을 전달해 주고 바로 그 이론을 적용하는 활동 과제를 제시하였다. 두 교수가 참가자들의 활동 결과물에 대한 적절한 피드백을 주면서, 조화를 이루어 가는 자세와 팀워크(teamwork)를 보여 주었다. 이 모습에 나는 깊은 감동을 받았다. 그들은 인권에 기반 한, 참여 민주주의 식의 워크숍을 진행하고 있었다. 그때 참여자들의 참여가 극대화 되고 최고의 학습 효과가 이루어지는 것을 보고 배웠다.

아동인권 교육 훈련에서 팀 접근은 2명 이상의 훈련된 진행자가 같은 수준의 전문성을 지니고 진행하게 된다. 이 기법에는 탁월한 팀플레이 기술이 요구된다. 서로 들어올 때와 나갈 때를 알고, 피드백 내용이 상호 보완되는 원활한 소통 능력이 요구된다. 그러나 무엇보다 중요한 것은 서로를 배려하는 마음과 인권 감수성이 뛰어나야 한다는 것이다. 결코 쉽지 않다. 이는 마치 독창보다 이중창이 어려운 것과 같다. 결론적으로 혼자 가면 빨리 가지만, 함께 가면 오래갈 수 있다.

밥그릇에 집착하지 말라

　평생 일하는 여성(career woman), 일하는 엄마(working mom)로 살았다. 나는 대학문을 나서면서 부터 시작한 일을 지금도 여전히 하고 있다. 참으로 고마운 일이다.

　내가 직장에서 20여 년간 이사장 겸 회장으로 모신 분이 있다. 그는 내가 일하는 조직의 사명이나 업무와는 무관한 분야의 사람이었다. 20여 년 전만 해도 정부 기관이나 기업에 비하여 열악한 기관으로 평가되던 비영리 민간단체(NGO) 중에는 그들이 수행하는 일의 가치로 조직의 위상을 높이지 못하는 단체들도 있었다. 그것보다 이사회 구성원들의 스펙에 의존하여 기관의 명맥을 유지하거나 재정 문제를 해결하려 애쓰던 아픈 시절이 있었다.

　내가 일하던 조직에서는 전직 군 장성으로 힘이 센 한 사람을 기관의 대표로 영입했었다. 그와 함께 일하면서 내가 자주 들었던 말들 중에 지금까지도 내 기억 속에 남아있는 것이 몇 개 있다. 그는 가끔 일이 뜻대로 이루어지지 않으면, "군대에서는 전시에 부하가 명령을 지키지 않으면 그 자리에서 총살 할 수 있다"고 했다. 이 말은 나를 겁나게 하기 보다는 당황스럽게 했다. 두 번째 내가 기억하는 말은 "당신은 자기 밥그릇도 챙기지 못한다"는 것이었다. 이 말은 비난일 수도, 책망일 수도 있다. 나의 자존심에 상처 주는 말로 받을 수도 있다. 하지만 이러한 말들을 나는 그냥 웃으면서 넘겼다. 그저 "죄송합니다"라고 말하며 그분의 마음을 풀어 드리려 했다.

사실 어떤 면에서 내가 내 밥그릇을 챙기지 못한다는 말은 나도 인정하는 부분이다. 내가 하는 일이 내 밥그릇을 챙기지 못하면 큰일 나는 일이 아니다. 오히려 내 밥그릇 챙기기에 연연하면 큰일 나는 분야이기 때문에 나는 그저 여유 있게 웃어넘길 수 있었다. 내가 맡은 일에 남다른 열정과 사명감은 있었지만, 그 일을 통해 내 밥그릇을 챙기는 일에는 부족함을 보인 것 같다.

지금 생각하면 참 감사한 일이다. 그토록 무서운 힘을 과시하는 상관 앞에서 조직이 여러 차례 난관을 겪으면서도 살아 나갈 길을 찾았고, 수많은 위기 상황에서도 조직과 내가 살아남을 수 있었으니 그때를 생각하면 그저 감사할 뿐이다.

감사할 일이 또 있다. 나는 스스로의 밥그릇도 챙길 줄 모르는 한심한 사람인데도 지금까지 한 번도 굶은 적이 없다는 사실이다. 옷이 없어서 헐벗은 적도, 신발이 없어 발이 부르튼 적도 없다. 그리고 집이 없어 비나 눈을 맞으면서 밖에서 잔 적이 단 한 번도 없다. 이것이 기적이 아니면 무엇이 기적이겠는가? 기뻐하고 감사할 일이다.

이렇게 살아도 행복해

포기할 것과 포기하면
안 되는 것을 구분하라

얼마 전 국제아동인권센터의 이사회가 있었다. 이 조직은 적은 수의 직원과 이사로 구성되어 일하는 NGO이다. 규모나 구조, 그리고 일의 질과 전문성에서 차별화를 추구하며 일한다. 다른 조직들과 다르게 이사회와 사무국 간의 소통이 원활하고 거의 격의 없이 한 팀으로 일한다. 기관 설립 당시부터 그런 문화를 추구했다. 이러한 시도는 한국 사회의 많은 NGO에서 이사회 구성이나 활동이 조직의 걸림돌이 된 사례에서 얻은 교훈에 기반을 둔다. 새 시대에서 이사들은 사무국 직원들의 지지대와 디딤돌이 되어야 한다. 국제아동인권센터 이사들과 사무국 직원들은 상호 지원하는 체계를 만들어가길 원한다. 그래서 이 조직에는 개방과 소통을 조직의 중심에 두는 문화가 있다.

이사회의 주요 안건은 중앙 정부 내 한 부처의 용역 사업에 관한 것이었다. 조직의 구성원들은 지난 수개월 간 조직의 연간 총 예산의 큰 비중을 차지하는 아동인권 증진을 위한 정부 용역 사업을 맡기 위해 전략적으로 만반의 준비를 했다. 정부 용역 사업이 이 조직의 전문성과 사명감 수행에 밀접하게 연관되어 있고, 정부도 그러한 역량을 가진 기관을 찾고 있어서 사무국 연구원들은 이 사업을 맡게 되리라고 자신하고 있었다. 그러나 뜻밖에도 마지막 과정인 사업 설명회장에서 조직의 대표가 사무국이 정부에 제출한 사업제안서를 철회한다고 선포했다. 오랜 시간 준비 해온 사업을 어이없이 내려놓게 되는 순간이었다. 이사회는 이 사업이 조직의 목적에 부응하고 재정 지원의 규모도 무시할 수 없는데 왜 마지막 순간에 사업을 포기할 수밖에 없었는지 기관 대표이사에게 질의했다.

대표이사는 몇 가지 이유를 들어 설명했다. 사무국 실무자들은 사업 계획을 수립하고 정부 측과 정보를 교류하는 과정에서 있었던 여러 가지 불편했던 상황을 끝까지 인내했다. 그들은 그간 몇 차례 사전 양해도 없이 본래 계획보다 일정이 지연되는 등 이해하기 어려운 진행 과정을 지켜보았다. 그러나 대표이사는 사업 설명회 현장에서 불편한 상황을 직면한 후, 이 사업을 이대로 진행하면 사무국 직원들이 너무 힘들고, 필요 이상의 에너지를 소모하게 될 것임이 예측되어 어려운 결단을 내리게 되었다. 그는 아동들에게 막대한 영향을 미치게 될 주요한 사업을 수행하기 위해 행정 전문가인 정부와 사업 전문가인 민간단체가 서로 존중하는 파트너십을 이루어 가는데 장애가 예측되어 미연에 일어날 일의 방지를 선택했다. 민간단체들이 이런 식으로 끌려 다녀서는 안 된다고 그는 판단했다. 즉 우리 기관이 손해를 보더라도 민·관 파트너십의 긍정적인 변화를 만들어가기 위해서는 누군가 한번은 희생해야 한다는 결론을 내렸다고 설명하였다.

대표이사의 설명을 들은 조직의 운영 담당 이사는 거의 다 결정된 사업을 철회함으로 연간사업 예산계획에 차질을 빚게 된 사안에 대하여 지적하였다. 그러나 다른 한 이사의 견해는 달랐다. 사업의 재정 규모가 어떠하든, NGO 정신을 기반으로 비전을 실천하기 위해 존재하는 조직으로서 민·관이 협력하는 자세가 어떠해야 하는지 보여 주는 것은 매우 중요하기에 대표의 결단을 지지한다는 의견을 표명했다. 이사들의 지적과 의견을 충분히 수렴한 후 대표이사는 "이 사업이 조직의 사명을 실천할 목적에 부합되고, 실무 연구원들이 사업을 잘 준비된 상태에서 사업을 포기하기에는 큰 아쉬움이 있었지만 상호 존중의 관계가 이루어지지 않은 상황에서, 조직의 영혼을 팔면서 사업 수행 기관이 될 수는 없었다. 인권 증진을 목적으로 일하는 기관이기에 더욱 그렇게 할 수 없었다"고 말했다.

정부는 국민이 내는 세금으로 국민을 위해 일하는 기관이고, 기업은 그들이 창출하는 재원으로 경영한다면, NGO는 옳은 일을 올바르게 함으로 세상에 긍정적인 변화를 주기 위해 국민의 뜻과 지원을 받아 그들과 함께 일하는 조직이다. 이번 일을 통해 조직 내 모든 사람들은 이 작은 조직이 세상에 변화를 주기 위해 이 땅에 존재함을 다시 한 번 상기하게 되었다. 한 해 동안 재정적으로 힘들 수 있었지만 용기를 내어 올바른 쪽을 선택했다.

국제아동인권센터는 가장 작은 자들의 인권을 옹호하기 위해 태어난 NGO다. 아동인권 옹호를 위해서 이 조직은 사회의 힘의 관계(power relationship)에 변화를 주는 노력을 해야 한다. 이 조직은 세상의 가장 작은 자들, 힘없는 아동들의 인권을 옹호하고 증진하는데 일익을 담당하기 위해 존재한다. 대표이사는 이사회를 마무리하면서 쉽지 않은 결단을 내릴 때 도움이 된 글이 하나 있다며 소개했다.

"포기를 모르는 맹목적인 집착은 가라앉는 배에서 뛰어 내리지 않는 어리석은 용기입니다."(이주연 목사, '산마루 서신')

양도, 일의 성과도 달라진 것이 없다. 그런데 나를 바라보는 세상의 시선은 '내가 달라져야 하는데, 여전히 활기 있게 사는 것이 신기하다는 것이다. '나이가 들어가면 모든 면에서 후퇴하고 쇠퇴하는 것이 정상이고, 이전 상태를 유지하거나 더 나아지는 것은 비정상'이라고 생각하는 것 같다.

나의 일은 육체적인 노동을 해야 하는 것이 아니다. 그러나 체력이 받쳐 주어야 감당할 수 있다. 나는 하루에 5시간 정도 서서 강의하거나 워크숍을 진행하는데 불편하거나 어려움을 느끼지 않는다. 이것이 내가 가진 경험이나 지식으로만 가능하다고 생각지 않는다. 건강해야 가능하다. 그리고 열정이 있어야 한다. 한 번 일을 시작하면 그것이 강의든 워크숍이든 그 일에 온전히 몰입한다. 나는 내 일을 사랑한다.

나는 일단 워크숍을 시작하면 함께하는 이들과 완전히 일체가 되어 그들의 이야기를 듣고 행동을 관찰하면서 그들과 온몸으로 소통한다. 언어로 몸짓으로 아니면 눈짓으로 대화를 이어간다. 계획된 교육 훈련 과정이 끝나면 나에게 느낌이 온다. 그것은 어제보다 좀 더 나아졌다는 믿음이다. 내가 진행하는 교육 훈련은 사람을 알고 이해하고 사랑하면서 관계가 깊어지고 배움의 장이 열리는 과정을 거치는데, 그 과정이 나이가 들수록 깊어지고 나 자신에게도 깨달음과 배움이 더해진다는 것을 느낀다.

만약에 사람들이 내가 일을 하는데 '나이'가 장애라고 생각한다면,

내가 먼저 그 장애를 극복해야 한다. 그래서 나이가 많다는 것 자체가 장애일 수 없다는 것을 증명해야 한다. 이러한 장애를 이미 극복하고 멋진 삶을 성취한 사람들이 많이 있다. 그 중 한 분을 소개한다.

파블로 카잘스는 20세기 전반기의 가장 뛰어난 첼로 연주자로 알려져 있다. 그가 90세 중반에도 여전히 첼로를 연주하고 있을 때 한 젊은 기자가 이렇게 물었다. "카잘스씨, 당신은 95세이고 가장 위대한 첼로 연주자이십니다. 그런데 왜 아직도 매일 6시간씩 연습하십니까?" 카잘스가 대답했다. "내가 계속 나아지고 있다고 생각하기 때문이지요."

인간은 아동이건 성인이건 누구나 앞으로 전진하고 발전할 수 있는 진화 능력(evolving capacity)을 소유한 존재다. 나는 파블로 카잘스처럼 오늘보다 더 나아진 내일을 위해 열심히 연구하고 자료를 모으며 교육 콘텐츠를 개발한다. 더 새로운 모습과 더 효과적인 방법으로 사람들에게 다가가면서 나이가 들어감에 따른 한계를 극복하려 한다. 일흔 살이 되고 보니 나에게 일어난 모든 일들이 은혜요, 기적이다.

갈렙처럼 살라

21세기를 사는 우리에게 두 가지 심각한 사회적 이슈가 있다. 그 하나는 고령화이고, 다른 하나는 저출산이다. 사회적 문제는 개인의 문제로부터 비롯되고, 문제 해결의 실마리도 개인에서부터 풀려 나간다. 이미 자녀를 출산해 키운 나는 저출산 문제의 당사자는 아니다. 그러나 고령화 문제는 내가 당사자이다. 고령화가 사회적 문제가 아닌 축복이 되었으면 좋겠다는 생각을 늘 한다. 과거에 어디에서 무슨 일을 하던 사람인지는 그렇게 중요하지 않다. 오늘 내가 무얼 할 수 있는지가 중요하다. 사회 구성원 모두에게 '일하면서 살려는 마음'이 필요하다. 그것이 보수를 받는 직업이 아니어도 말이다.

성경에 갈렙이라는 사람이 나온다. 그는 팔십오 세에 사명을 받아 일하러 나간 사람이다. 누구든 팔십오 세가 되었는데도 갈렙처럼 아직도 몸과 마음이 강건하다면 그건 아직 이루어야 할 사명이 남아 있다는 뜻일 것이다. 누구에게나 보상과 상관없이 자신이 할 수 있고, 해서 기쁜 일이 있을 것이다. 아직 하고 싶은 일이 있고, 잘 할 수 있는 일이 있다면 헌신하고 봉사할 기회를 얻는 것도 보람차다. 팔십오 세가 되었는데 아직 힘이 있고 일하고픈 의지가 있다는 자체가 바로 보상이다.

고령화 사회에 살고 있는 구성원으로서 나는 스스로 고령화 문제의 대안을 찾는다. 지금 나이가 몇이든 상관없다. 나이는 숫자에 불과하다. 타인의 시선이나 평가, 혹은 선입관에 구애받지 않으면 자신의 체력과 의지로 감당할 수 있는 만큼 일 하면서 기쁘게 살 수 있다. 갈렙은 노년에 이같이 요청한다.

"오늘 내가 팔십오 세로되 내가 여전히 강건하니 이 산지를 지금 내게 주소서."(여호수아 14장 10-11절)

이 갈렙의 요청은 노년기를 사는 사람들에게 도전을 준다.

최근에 지방 정부들의 아동을 보는 관점과 시각이 달라지면서 아동인권 증진을 통해 아동의 삶의 질을 높이려는 시도가 이루어지고 있다. 하나의 증거로 서울시에서 아동인권 증진을 위한 어린이·청소년 인권 종합 계획을 수립하고 아동인권 교육을 맡아 수행할 민간단체를 선정하는 과정이 있었다. 정부가 정책을 수립하고, 관련 법률을 제정하여 실행 계획을 세우지만, 실천 현장으로 연결되는 시스템이 열악해 사업성과가 기대에 부응하지 못하는 사례가 종종 있었다. 금번 종합 계획을 수립한 서울시는 '어린이·청소년 인권 3개년 종합 계획'을 수립하고 분야별로 계획된 사업을 이행할 기관을 공모로 선정하는 시행 계획을 발표했다. 인권 교육 수행 기관의 선정은 인권 실현에 직접적인 영향을 크게 미친다. 인권 교육 수행 기관은 사명감은 물론이고, 어린이와 청소년에 관한 정보와 지식, 기술, 경험을 두루 갖춘 전문성이 있는 조직이 되어야 한다. 예산 규모와 상관없이 정부가 정책적으로 계획하는 사업에 민간단체가 정책 수행 기관으로 참여할 경우 그 책무가 막중하기 때문이다.

국제아동인권센터는 2012년에 설립된 신생 NGO다. 비록 연륜이 깊지 않은 작은 기관이지만 남다른 사명감과 전문성을 지닌 탁월한 일꾼들이 모여 열정적으로 일하는 일터이다. 이 조직은 '아동인권의 실현을 통해 가장 작은 자들을 포함한 모든 사람이 안전하고 행복한 세상을 만드는 것을 비전으로 삼고 있다.

나는 이 조직이 바로 서울시의 어린이·청소년 인권 교육 훈련 사업을 맡아 수행할 가장 적절한 조직이라는 확신을 갖고 있었다. 그러나 전문성을 지닌 NGO의 젊은 일꾼들은 정부 조직과 파트너십을 이루는 일에 무조건 뛰어들지 않는다. 오히려 몸을 사리는 편이다. 많은 경우에 공적 기관과 사적 기관이 만났을 때, 한국 사회에서 관행처럼 내려오는 갑과 을의 구조가 이뤄진다. 그 같은 갑을구조 속에서 일하는 것을 젊은이들이 원치 않기 때문이다. 국제아동인권센터는 젊은 일꾼들을 설득하여 결국 공모 사업에 참여했다. 전 과정을 잘 통과, 사업 수행 기관으로 선정되었다. 그것은 갈렙처럼 정복할 험한 산지를 얻은 것과 같다. 이제 그 험한 산지가 우리에게 맡겨졌다. 우리는 그 산지를 정복하기 위해 전문성과 헌신으로 무장하고 있다. 산지를 정복하는 일은 쉽지 않은 과제다. 그러나 우리의 수고가 헛되지 않을 것임을 믿는다. 그래서 우리의 노력으로 장차 어린이·청소년들의 삶에 분명한 변화를 보게 될 것이라는 기대로 일을 시작한다.

이렇게 살아도 행복해

제
2
장

소중한 존재

사면 안 되는 것은 사지 말라

수 년 전, 베스트셀러가 되었던 '정의란 무엇인가'의 저자 마이클 샌델(Michael Sandels)은 그의 저서 '돈으로 살 수 없는 것(What money can't buy)'에서 "과거에는 돈으로 살 수 없는 것들이 꽤 있었는데, 이젠 돈으로 살 수 없는 것이 거의 없는 세상이 되었다"고 말한다. 어떻게 그런 일이 있을 수 있을까? 현대 과학과 기술의 뛰어난 발달로 돈만 있으면 무슨 물건이든, 어떤 도구든 구매해 편리하고 안락한 삶을 누리는 세상으로 발전되었다는 의미일까? 그것도 틀린 말은 아닌 것 같다. 세상에는 정말 신기할 정도로 기발한 상품들이 개발, 생산되어 돈만 있으면 만사가 해결된다는 생각을 갖게 한다. 그러나 돈으로 살 수 없는 것이 거의 없는 세상이 되었다는 말은 그보다 더 깊은 의미를 담고 있다. 사람이 돈으로 사면 안 되는 것을 돈으로 사기 때문에 일어나는 현상을 샌델 교수는 우려하고 있는 것이다. 심지어 법을 어긴 죄수라 할지라도 돈만 있으면 자신의 상황을 바꿀 수 있다는 이야기가 있다. 샌델 교수는 한 예를 들어 설명한다. "캘리포니아주 산타아나시에서는 죄인이 감방에 들어가더라도 하룻밤에 82달러만 지불

이렇게 살아도 행복해

하면 다른 죄수들이 수감된 감방이 아닌, 조용하고 쾌적한 독방으로 옮겨져서 편안하게 잘 수 있다."

한국 사회에서도 '유전무죄 무전유죄(有錢無罪 無錢有罪)'라는 말을 많이들 한다. 만일 사람이 똑같은 실수를 했을 때 돈이 많은 사람은 가벼운 처벌을 받고, 돈이 없는 사람은 중한 처벌을 받는 사회는 처벌의 경중이 거래의 대상이 되는 사회라고 할 수 있다. 그 사회는 도덕과 윤리가 무너져 결국 신뢰할 수 없는 사회가 될 것이다. 또한 돈으로 인한 차별 문화가 만연돼 인권이 침해되고 인간의 존엄성이 존중되지 않는 사회로 전락하게 된다.

지금부터 2000여 년 전에도 돈으로 살 수 없는 것을 돈으로 사려다 망신을 당한 사람의 이야기가 있다. 성경에 소개된 시몬이라는 이름의 사람 이야기이다.

"그 때 시몬은 사도들이 손을 얹어 성령을 받게 하는 것을 보고, 그들에게 돈을 내고서 말하기를 '내가 손을 얹는 사람마다 성령을 받도록 내게도 그런 권능을 주십시오'하니 베드로가 그에게 말하였다. '그대가 하나님의 선물을 돈으로 사려고 생각하였으니 그대는 그 돈과 함께 망할 것이오.'"(사도행전 8장 18-20절)

시몬은 하나님이 인간에게 은혜로 내려 주는 선물도 돈으로 사려 했다. 그건 2000년 전이나 지금이나 다를 바 없다. 세상에는 아직 돈으로 살 수 없는 것들이 많이 있다. 달리 표현하자면, 세상에는 돈으로 사면 안 되는 것이 많다. 돈으로 살 수 있는 것과, 돈으로 결코 살 수 없는 것을 구분하는 지혜나 분별력이 부족한 사람들이 많이 있다는 사실이 문제다.

인간이 인간답게 살기 위해서는 동물이 아닌 인간에게만 부여된 품격과 가치를 지켜야 한다. 인간에게는 이성과 양심이 있다. 그래서 이 사회에는 모든 인간은 서로 형제의 정신으로 대해야 한다는 우주적인 가치관이 있다. 인간으로 태어났기 때문에 인간의 존엄성이 지켜져야 한다는 말이다. 신이 인간에게 내려 준 가장 소중한 선물은 생명체인 우리의 자녀들이다. 인생 주기 중 가장 중요한 시기를 살고 있는 아동의 생명권을 구매의 대상으로 여기는 것은 인간으로 태어났으나 인간으로 살기를 거부하는 동물의 행위라고 할 수 있다. 특히 아동의 성을 구매 대상으로 여기는 인간은 결코 인간이라고 불릴 수 없다. 돈이 아무리 많아도, 권력의 힘이 아무리 커도, 그것을 이용하여 구매해서는 절대로 안 되는 것이 있다는 것을 반드시 명심해야 한다.

세상에서 가장 좋은 것을 잃지 말라

　나는 인생이 무엇이며 산다는 것이 무엇인지를 모른 채 정신없이 살았다. 그저 하나님이 나를 이 땅에 살게 한 목적이 있으며 내게 주신 사명을 실천하며 사는 일이 나의 최선이라고 믿고 앞만 보고 달려왔다. 뭔가 작은 성취라도 이뤄지면 자신감도 생겼다. 나는 그날그날 성실하게 살았다고 자신했다. 그래서 내가 누리는 안정과 평온한 삶이 나의 성실함의 대가라고 생각했다. 그래서 나는 '당연한 보상'을 받는 것이라고 믿었다. 그렇게 내 나이 60을 넘겼다.

　그런데 인생은 결코 그리 만만치 않았다. 내가 잘못한 일도 없고, 무슨 실수를 한 것도 아닌데도 상상조차 하지 못한 일들이 나에게 일어났다. 쌓아올린 탑이 무너지기 시작했다. 상실의 파도가 나를 덮쳤다. 내 것이라 생각했던 것들이 하나씩 사라졌다. 남편은 긴 투병 생활을 뒤로하고 어이없게 세상을 떠나갔다. 수십 년 동안 남편과 함께 자녀를 기르며 함께 살았던 집도, 내 사명감 실천의 터전이던 정든 직장도 사라졌다. 나에게 남은 건 아무것도 없다고 느껴졌다. 그 때 나는 어리석게도 "나에겐 이제 잃어버릴 것이 없다"는 말도 곧잘 했다.

그러나 시간이 지나, 잃어버린 것보다 아직 남아 있는 것들이 더 많다는 것을 깨닫고 회개 기도를 드렸다.

나는 모태 신앙인이다. 어머니의 순수한 신앙을 유산으로 상속 받은 것을 늘 감사하며 살았다. 어릴 때부터 하나님은 언제나 내 안에 계셨다. 나는 늘 그 분과 함께 걷고 있다고 믿었다. 삶은 순풍에 돛단 배처럼 평안했다. 나는 교회 생활에 열심이었으며 교회에서 맡은 각종 직임을 성실히 수행하면서 즐거웠다. 남편은 대기업의 임원으로 일했고, 나는 국제 NGO의 임원을 겸한 종합 사회복지관 관장이었다. 큰아들은 대학 졸업 후 직장에서 일했고, 둘째는 미국에서 유학 중이었다. 우리 가족은 70년대 후반에 분양받은 강남의 아파트에서 오랫동안 안정된 삶을 누렸다. 가족과 친척들이 함께 섬겨 온 교회에서 중진임을 자처하며 나는 교회의 주인 행세를 했다. 나는 내가 훌륭한 기독교인인 줄 알았다. 우리 가정이 섬기는 교회에 뭔가 크게 기여한다고 생각하며 교회 생활을 즐기고 있었다. 그러한 나의 영적 생활에 급제동이 걸렸다.

하나님은 내 삶에 철저하게 개입하기 시작했다. 나는 그분의 손에 다뤄지기 시작했다. 그분은 실수가 없는 분이다. 긴 고난의 세월을 지내면서 깨달음이 오기 시작했다. 태어날 때부터 친숙하게 안다고 생각한 성부 하나님, 예수님, 성령님을 다시 더듬어 찾으며 배우기 시작했다. 나는 그 분과의 진정한 만남을 위해 인내하며 기도하고 기다렸

이렇게 살아도 행복해

다. 내가 평생 드린 예배를 다시 배운 것도 그때부터였다.

그 길은 쉽지 않은 고난의 길이었다. 결코 끝날 것 같지 않은 길고 암울한 터널이었다. 마침내 터널 끝에서 가느다란 한줄기 빛이 새어 들어왔다. 세상에서 소중하게 여기던 모든 것이 사라져도 결코 잃지 말아야 할 것, 곧 잃어버린 것들과 비교될 수 없는 소중한 것들이 나에게 남아 있음을 깨달으면서 내 삶이 변화되기 시작했다. 나의 창조주이자 내 삶의 주관자를 잃으면 모든 것을 잃는 것이고, 그 분만 잃지 않으면 모든 것을 얻은 것임을 그 때에 비로소 깨달았다. 그 때부터 세상과 사람을 보는 나의 관점에 변화가 생겼다.

그토록 나에게 자부심을 심어 주던 학벌과 능력, 일터에서 쌓아 온 경험들이 결코 자랑거리가 아님을 깨달았다. 이제 비로소 그분의 능력으로, 그분의 지혜로, 그분의 뜻을 이루며 사는 삶을 추구하며 새로운 영적 여정을 시작했다. 그토록 오랫동안 무겁게 나를 누르던 억울함과 슬픔도, 아픔이나 불안함도 사라졌다.

감리교 창시자 존 웨슬리 목사(1703-1791)는 "세상에서 가장 좋은 것은 하나님께서 우리와 함께 계시는 것이다(The best of all is, God is with us)"라는 귀한 어록을 남겼다. 하나님을 경외하고 그분과 동행하는 사람은 세상의 어떤 것도 두려워하지 않는다는 말의 참 뜻을 비로소 알게 되었다. 그 깨달음을 통해 "근심하는 사람 같으나 항상 기뻐하고, 가난한 사람 같으나 많은 사람을 부요하게 하고, 아무것도 가지지 않은 사람 같으나 모든 것을 가진 사람"(고린도후서 6장 10절)이라는 사도 바울의 고백을 나의 고백으로 삼게 되었다.

세상에 온 목적을 알고 행하라

2012년 9월부터 서울 잠원동 한신교회 새벽 예배에서 진행된 사도행전 강해는 2013년 4월 말에 끝났다. 사도 바울에 대한 새로운 조명은 나에게 많은 깨달음을 주었다. 본래 '사울'이란 이름을 지녔던 바울은 예수 믿는 자들을 박해하러 다니던 길에서 부활한 예수를 만났다. 그것은 전혀 예기치 못했던 사건이었다. 그 만남의 자리에서 그는 즉시 회심했다. 사울에서 바울로 이름을 바꾸고 시작된 그의 선교 활동은 예수 믿는 사람들을 박해하던 때의 열심보다 훨씬 더 뜨겁고 열정적이었다. 그는 생명을 아끼지 않고 선교 활동을 펼쳤다. 그의 냉철한 성경 지식과 뜨거운 믿음과 열정, 그의 순교자적 선교 활동이 오늘날 기독교에 미친 영향은 절대적이다. 성경에는 바울의 선교 활동에 관한 많은 기록이 있으나 사울이 바울이 되어 어떤 인생을 살았는지에 대한 알려진 이야기를 찾기는 쉽지 않다.

사도행전 강해가 끝나고 얼마 후 석가탄일로 공휴일을 맞았다. 나는 동생과 함께 대학로 예술 마당에서 진행되는 뮤지컬, '바울'을 보러 갔다. 중간 휴식 시간도 없이 꼬박 2시간 동안 젊은 배우들은 '바울'을 노래하고 춤추었다. 아니, '바울이 아니라 예수를 노래하고 춤추었다'는 표현이 더 적절할 것 같다. 바울의 삶은 '박해, 고난, 고통, 미움, 오해, 천대, 멸시, 비난'으로 점철됐다. 오직 예수라는 이름을 가진 한 청년 때문에 그는 그의 후반기 삶을 그렇게 살아내고 있었다. 성경에 의하면 그에게는 분명한 천국 소망이 있었다. "현재 내가 당하는 고통은 후에 내가 누리게 될 영광에 비할 바 아니다"라는 고백을 바울은 그의 삶으로 표현하며 살아냈다. 뮤지컬 '바울'을 통해서 거듭난 사람의 삶이 어떠한 지, 성령의 인도하심으로 사는 사람은 어떻게 사는지를 눈으로 보고 배울 수 있었다.

어느 날, 내가 섬기는 작은 개척 교회 담임 전도사가 성도들에게 "우리가 이 세상을 사는 목적이 무엇입니까?"라고 질문했다. 전도사는 많은 사람들에게 이 질문을 해 보았지만 한 마디로 잘라 확실하게 대답하는 사람이 많지 않더라고 하며 그건 그들이 삶의 목표를 잃고 살고 있다는 증거라고 했다. 전도사는 그가 만난 한 사람의 답변을 소개해 주었다.

"내가 이 세상에 태어나서 사는 목적은 천국에 가기 위함인데, 가능한 한 많은 사람과 함께 가는 것입니다.(To go heaven and take as many people with me as I can.)"

그 사람은 "분명히 실재하는 천국에 가는 것이 이 세상에 사는 목적임이 분명하다. 그러나 천국에 가되 나 혼자 가는 것이 목적이 아니라 가능한 한 많은 사람과 함께 가야 한다는 것이 내가 세상에서 사는 진정한 목적"이라고 분명히 말했다고 한다.

하나님이 사울을 불러 바울이 되게 하신 까닭이 무엇인가? 사울은 주님을 만난 후 바울이란 새로운 이름으로 불리게 되었고, 하늘나라에 가되 혼자 가는 것이 아니라 되도록 많은 사람과 함께 가는 인생 목적을 이루기 위해 주의 종 된 사명을 감당하며 살았다.

고난 후의 축복을 기대하라

　　남편의 긴 투병 생활로 어렵고 힘든 날들을 살고 있을 즈음에 나는 어머니를 잃었다. 나를 조건 없이 사랑하고 편들어주고 지지하고 격려해 주던, '영원한 내편'인줄 알았던 어머니가 세상을 떠났다. 나의 상실감이 너무 컸고 그 아픔은 오래 계속 되었다. 어머니가 떠난 2년 후에 파킨슨씨병으로 고생하던 남편이 떠났다. 이어서 30여 년간 남편과 함께 두 아들을 키운 정든 삶의 터전과 생명처럼 아끼던 일터로부터 같은 시점에서 떠나야 했다. 지금까지 살면서 가장 소중히 여겨왔고, 그러나 너무도 당연하게 누려 온 많은 것들을 거의 동시에 잃어버리는 슬픔을 겪었다. 그 때 나는 '이것이 내 인생의 끝'이라고 생각했다.

　　눈앞이 캄캄하고 억울하고 황망하였으나, 나는 누구를 탓하거나 원망하지 않았다. 아무에게도 내 아픔을 호소하거나 내 처지를 설명한 적이 없다. 나의 처지를 숨기려는 의도는 전혀 없었다. 다만 연속적으로 나에게 일어난 예측 불허의 엄청난 사건들에 대해 설명할 길이 없었을 뿐이다. 왜 어떻게 이런 일이 일어날 수 있는지 나 자신이

　　　　　　　　　　　　　　　　　　　　　이렇게 살아도 행복해

이해하지 못했기에 그 누군가에게 조리 있게 설명한다는 것이 불가능했을 뿐이다. 희망이 보이지 않았으나 포기할 수 없었고, 끝장인 것 같았으나, 그것이 다른 시작이길 나는 바랐다.

2010년 어느 날, 큰 아들이 아무런 의논도 없이 신학대학원에 입학 원서를 내고, 합격 통지를 받아왔다. 아들은 신학을 공부하게 된 것은 자기가 계획한 일이 아니라고 했다. 모든 환경과 여건이 최악인 상황에서 신학의 길로 인도함을 받으리라곤 본인도 생각지 못했다고 했다. 아들은 단지 하나님의 이끌림을 받아 신학대학원에 등록을 했다. 등록금을 마련할 수 있을지조차 가늠할 수 없는 막막한 상황에서 오직 부르심을 받아 뒤늦게 신학의 길에 들어서게 됐다.

나는 기가 막혔다. 부모가 넉넉하게 모든 것을 지원할 수 있을 땐 그런 꿈을 말한 적이 없었던 아들이 정작 부모가 해줄 수 있는 일이 아무 것도 없는 시점에 기이한 소식을 전하니 당황스럽기만 했다. 믿기지 않았고 두렵기조차 했다. 아들은 지난 세월 나를 근심하게, 두렵게, 불안하게 했다. 그는 긴 세월 방황했다. 몸도 많이 상한 상태였다. 그런 아들이 대학원 첫 학기를 좋은 학점을 받으면서 마치더니 계속해서 세 학기를 무사히 끝냈다. 신학대학원은 총 6학기, 3년 과정이다. 아들이 절반을 무사히 끝냈다는 사실이 나에겐 꿈만 같았다. 더욱 놀라운 일은 좀 더 깊이 있는 과목을 수강할 수 있는 대학원으로 편입할 기회가 생겨 감리교단 내에서 전통과 전문성으로 평판이 있는 학교로 옮겨 전 과정을 무사히 마치고 신학석사 학위를 받았다는 사실이다.

지금 이 가정이 처한 경제적 상황은 최악이다. 70평생 이런 삶과 경험은 처음이다. 많이 힘이 든다. 그러나 광야 길에서 "주 여호와 하나님의 인도하심으로 굶주리지 않았고, 헐벗지 않았으며, 발이 부르트지도 않았다"라고 했던 이스라엘 민족의 고백이 지금 나의 고백이다. 아들은 신학대학원을 졸업했다. 하나님이 아들을 부르셨다. 하나님이 아들을 불러서 훈련시키고 계시는 중이다. 이것이 나의 믿음이다. 이것이 내가 세상에서 이유도 모른 채 어이없이 당한 연이은 상실에 대한 보상이고 영적 축복이라 믿게 되었다.

그런 가운데 갑자기 의문이 들기 시작했다. '세상에는 유능하고 전도유망한 젊은이들이 수없이 많은데 왜, 어떻게, 실패자에다 건강도 좋지 않은 이 아들을 부르셨을까? 정말 주님이 아들을 부르신 것이 맞나? 왜 이 아들인가? 왜 이 아들을 택하여 불러 훈련시키는가? 정말 주님이 불러 주신 것이 맞는가?' 이런 의문은 나를 또 다시 두려움으로 떨게 했다. 불안했고 답을 얻기 위해 좌불안석이었다. 하늘로부터 확인을 받고 싶었다. 그러나 어디서, 어떻게 하나님의 뜻을 확인받을 수 있을지 알지 못했다. 그러다 전문 큐티 잡지인 '생명의 삶에 실린 한국대학생선교회(CCC) 창립자인 고 김준곤 목사의 '예수 묵상'을 읽던 중 그 답을 분명하게 찾았다. 그 순간, 너무나 기쁘고 행복했다.

　　　　　　　　　　　　　　　　이렇게 살아도 행복해

"우리가 선하기 때문에, 사랑할 만한 가치가 있기 때문에 하나님이 우리를 사랑하신 것이 아닙니다. 하나님은 우리가 죄인인 상태였을 때, 하나님과 원수 되었을 때 우리를 대신해 그분의 아들을 십자가에 내어 주셨습니다."(로마서 5장 8절)

"하나님은 외아들 예수 그리스도를 사랑하신 것처럼 죄인인 우리를 사랑하시고 양자 삼으셨습니다. 사랑할 수 없는 자를 아무 조건 없이 사랑하셨습니다."(로마서 8장 15절)

우리 인간은 자기의 생각을 주장하며 자신의 잣대로 자녀나 친구, 혹은 이웃을 판단하고 비판한다. 그러나 하나님은 다르다. 하나님은 차별 없는 사랑으로 우리를 무조건 사랑하신다. 그러기에 우리도 하나님을 신뢰하고 서로 조건 없이 사랑해야 한다.

하나님은 이 아들을 무조건 사랑하신다. 그래서 그를 불러 주셨다. 그분은 이 아들에게 "너는 내 사랑하는 아들"이라고 말씀하신다. 이제 그 엄연한 진리를 믿기만 하면 된다. 믿음은 능력이다. 아들이 잘나고 유능해서가 아니다. 부족하지만 그분의 사랑으로 부르심 받았다. 목회는 인간의 힘과 의지로 하는 것이 아니다. 하나님은 부르심에 기꺼이 응답하고 순종하는 사람에게 성령을 붓고 은혜의 옷을 입혀 당신의 일을 감당케 하시는 분이심을 믿는다. 이것이 오랜 고난 후에 내가 받은 선물이며 큰 축복이다.

평생 기억되는 우정을 만들라 🍂

낮이 짧고 밤이 긴 계절이 돌아왔다. 어느 해 시월 어느 날 밤 9시가 조금 넘은 시간에 전화벨이 울렸다. 전화기에 뜬 발신인은 30여 년 전 내가 세이브더칠드런 한국 지역사회복리회에서 농촌 개발 사업을할 때 만난 옛 동료였다. 예기치 않은 시간에 예상치 못한 친구에게걸려 온 전화라서 놀랍고 반가웠다.

"안녕하세요, 손 위원장님, 웬일이세요?"

"아~ 네, 그냥 생각이 나네요. 건강하게 잘 살고 계시죠?"

"네, 전 잘 지내고 있습니다. 위원장님도 잘 계시지요?"

"음, 전… 잘 지내지 못해요. 저도 관장님처럼 살아야 하는데… 전그렇게 살질 못해요. 제 성질, 제 고집을 못 고쳐서. 전… 관장님처럼살지 못합니다."

"왜 그러세요 위원장님, 가을 타시나 봐요? 제가 어떻게 사는지 보지도 않고 어떻게 그런 말씀을 하세요?"

"네~ 늘 그렇게 생각해 왔거든요. 보지 않아도 알지요. 꼭 봐야만 아나요?"

"감사한 말씀이네요. 저를 그렇게 믿어주시니… 고맙습니다."

"아, 바로 그거지요. 믿음이요. 그건… 제가 보지 않아도 알 수 있는 건, 관장님에 대한 믿음이 있었던 거죠. 하하하…"

손 위원장은 특유의 너털웃음을 한바탕 웃더니 "부디 건강하라"는 말을 남기며 전화를 끊었다. 계절 탓일까? 잊고 살던 옛날 일들이 생각났다. 나는 1966년경부터 전쟁고아들을 위한 아동 구호 사업을 시작으로 전문직 여성의 길을 시작했다. 1978년부터는 지역사회를 기반으로 아동을 위해 일하는 국제 NGO인 세이브더칠드런에서 젊음을 보냈다. 당시 사업팀은 낙후된 농촌과 낙도 지역들을 선정하여 그곳 아동들의 삶의 질에 변화를 주기 위한 여러 가지 사업 활동을 펼쳤다. 사업팀은 주민들의 헌신과 노력 없이는 할 수 없는 많은 일들을 그들과 함께 했다. 당시 농어촌 지도자들의 리더십과 사명감은 나에겐 더 없이 소중한 자원이었다.

천안과 온양 사이에 위치한 탕정이라는 작은 농촌 지역에서 특별한 관심과 기대를 품고 일했던 기억이 난다. 그곳에서 주민을 이끄는 강력한 일꾼인 손 사무장을 만났다. 그는 오지 농촌에서 내가 만난 사람들 중 남다른 열정을 지닌 충실한 일꾼이었다. 자신의 뿌리가 있는 마을에 대한 애정과 자부심으로 일했다. 그는 후에 '탕정 지역개발 위원회' 위원장이 되어 지도력을 발휘했다. 지금은 공식적인 자리에서

한 발 물러서 있지만 여전히 지역의 원로로 활동하는 분이다.

2005년 세이브더칠드런 세계연맹총회를 한국에서 개최했을 때, 나는 회의에 참석한 연맹 회원국 대표들을 탕정 지역 사업장으로 안내하여 주민들이 성공적으로 성취한 사업들을 소개하는 기쁨과 보람도 누렸다. 세월은 참 빠르게 흐른다. 많은 것들이 잊혀 지면서도 여전히 생각나는 일들이 있다는 것이 신기하다. 어느새 우리가 현장에서 함께 일했던 때로부터 30여 년이 지났음에도 내가 여전히 손 위원장을 훌륭한 동료로 기억하는 것은 그가 나를 믿듯이, 나도 위원장을 믿으며 일했고, 지금도 믿기 때문인가 보다.

그는 언제나 창의적으로 사고했고 주민들을 강하게 이끄는 추진력을 가지고 있었다. 무엇보다도 그에게는 뜨거운 사명감이 있었다. 남다른 열정으로 자신의 고향 마을과 주민을 아끼고 사랑했다. 가끔씩 그는 각양각색의 서로 다른 주민들의 의견을 수렴하고 합의를 이끌어내는데 어려움도 많이 겪었다.

아마 그날 밤엔 지역 지도자들과 약주를 나누면서 이런 저런 지역의 당면 과제를 상의하다 무언가 마음이 불편해져서 친구들을 뒤로하고 가을 밤 시골길을 홀로 걷다 불현듯 옛 동료가 생각났나 보다. 그 옛날 자신이 격렬한 주민 토의를 이끌 때, 한 구석에 가만히 앉아 말없이 고개를 끄덕이며 성원해 주던 옛 동료가 그날 밤 문득 그리웠나 보다.

이렇게 살아도 행복해

어디서 무얼 하든 당당하라

그는 모든 것을 아신다. 그는 우리의 생각을 아시고 우리의 말을 들으신다. 그는 나를 아주 자세히 아신다. 우리 인간이 당하는 유혹과 마음의 상처, 모든 질병, 걱정 근심, 그리고 인간이 만나는 모든 슬픔을 속속들이 다 아시는 분이시다. 그렇다! 그 분은 모든 걸 아셨다. 30여 년, 사명감과 열정을 가지고 혼신을 다해 일하던 한 일꾼이 그 일터를 떠나게 되었을 때, 그 분은 그 상황을 세심한 눈길로 바라보셨다. 하나의 조직이 바닥을 친 후, 겨우 가닥을 잡아 새롭게 일어나려는 시점에서, 합병이란 이름으로 기관의 역사와 철학 그리고 사업의 접근법이 상이한 한 조직과 합쳐지던 날부터, 일터에서 선한 일꾼들이 살아가는 모습을 그분은 내려다보고 계셨다. 사람들이 은밀한 중에 행하는 일까지 그분은 다 알고 계셨다.

그랬다. 그분은 다 보았기에 다 알고 계셨다. 그는 모르는 것이 없으시다. 아픈 상처를 안고, 수모를 견디며, 아무 일 없는 듯 하루하루 묵묵히 견디며 일하는 모습을 측은지심으로 살피고 계셨다. 그 때, 그 일꾼에게 가장 필요했던 것은 인내였다. 전능하신 그 분이 열어 주고 이끌어 주는 일을 묵묵히 수행하면 됐다. 여유를 잃지 않고 하루하루 완결해 나가는 단호한 자세를 유지할 수 있었던 것은 오직 그 분의 은총이었다.

기관의 합병은 2004년에 이뤄졌다. 합병 후 3년간은 양 기관의 어떤 직원도 본인이 원치 않는 한, 조직을 떠나게 해서는 안 된다는 서약서가 있었다. 나는 그 서약서에 내가 속했던 기관의 대표로 서명을 했다. 합병 후 3년 간, 두 기관의 어떤 종사자도 불이익을 당하지 않도록 직원들을 지키려 만든 안전장치였다. 약속 된 3년이 지난 해부터 조직은 사업 담당 부회장인 나의 활동을 축소하기 시작했다. 내 운신의 폭을 의도적으로 좁혔다. 내가 합병 전부터 맡아 진행해 온 해외사업에서 손을 떼라고 했다. 내가 사명감과 큰 비전을 가지고 시작하여 기반을 잡기 시작한 북한 아동을 위한 사업도 손 떼고, 국내 사업에서도 손을 떼라고 했다. 그리고 '아동권리센터'를 새롭게 설치해 아동 권리 사업 한 가지만 맡아 수행하라고 했다.

그 분은 그러한 일련의 모든 과정을 조용히 바라봐 주셨다. 조직 내에 '중앙아동권리센터'를 세우고 업무를 시작했다. 무(無)에서 유(有)를 만든 것이다. 그런데 기이한 일이 일어났다. 새롭게 아동권리센터를 설립한 바로 다음 달에 센터는 한 정부 부처의 인권 사업과 연계되었다. 그로부터 아동권리센터의 소수 정예 팀은 정부의 인권 관련 부처와 4년간 함께 일했다. 법무부 보호직 공무원들을 위한 인권 감수성 향상 프로그램이 개발된 것도 그때였다. 전혀 예상치 못한 기이한 일이 일어난 것이다. 그렇게 4년 간, 멋지고 가치 있는 사업을 개발하여 소중한 경험과 기법을 터득해 나갈 수 있었다. 그것은 기적이었다. 2009년 12월 30일, 나는 31년 6개월 동안 조직의 가치 실현을 사명으로 삼아 열정을 다해 헌신한 기관을 떠났다. 생명처럼 아끼고 사랑하며 일 해온 일터였다.

그랬다. 그분은 그 모든 과정을 묵묵히 지켜보고 계셨다. 그리고 가장 적절한 때에 나를 떠나게 해 주었다. 그곳을 떠날 때, 나는 그 조직의 가치와 정신(ethos)을 마음에 소중히 담아 가지고 나왔다. 그 정신은 내가 어디를 가든 내가 있는 곳에서 실현해야 하는 정신임을 알았기 때문이다. 지금도 나는 그 정신을 바탕으로 일하고 있다. 조직의 이름은 다르지만, 모든 것을 보고 알고 계신 그분이 미리 예비해 두신 작고 아름다운 조직에서, 탁월한 동료들과 함께 미션을 실천해 나가며 신명나게 일하고 있다.

맞다. 그분은 다 보고 알고 계신다. 인간은 그분의 뜻이 이루어지도록 아픔을 견디는 능력, 수모를 참는 능력, 낮아지고 겸손할 줄 아는 능력을 배워야 하는데 그 능력은 오직 그 분의 임재 안에서만 가능하다.

약속을 반드시 지키라 🍂

중요한 약속이 있는 날 폭우가 쏟아지거나 폭설이 내리면 약속을 취소하고 싶은 유혹이 생긴다. 나에겐 그런 유혹을 단호히 뿌리칠 줄 아는 좋은 습관을 만들게 된 소중한 경험이 있다. 그 경험으로 인해 '약속은 무슨 일이 있어도 지켜야 한다'는 원칙을 지키며 살게 되었다.

30여 년 전, 한 농촌 지역사회 개발 사업장에서 얻은 교훈이다. 그날 새벽 폭우가 내렸다. 한치 앞도 볼 수 없는 장대비가 계속 쏟아졌다. 새벽 여섯 시가 되어도 폭우의 기세는 여전했다. 그날은 경기도 여주군 산북 지역 부녀회와 알뜰 시장 개장 준비를 하기로 약속한 날이었다. 당시 사업 조정관이었던 나는 아침 10시까지 산북에 도착하도록 약속이 되어 있었다. 요즘은 서울에서 차로 한 시간 남짓이면 도착하는 곳이지만, 당시에는 서울에서 시외버스로 광주를 거쳐 곤지암으로 가고, 다시 곤지암에서 버스를 갈아타고 비포장도로로 한참을 가야 산북마을에 들어갈 수 있었다. 보통 세 시간 전에는 출발해야 했다.

쏟아지는 빗줄기를 한참 바라보다가 문득 정신이 들어 시계를 보니 시계 바늘은 어느새 여섯 시를 지나고 있었다. 순간 이런 생각이 들었다. '이렇게 비가 쏟아지는데 부녀회원들이 모일까? 이렇게 비가 쏟아지는데 어디서 세탁하고, 말리고, 바느질 할 수 있겠어? 며칠 연기해야 하지 않을까? 지금 떠난다고 해도 이런 비에는 분명 개천이 넘쳐 날 텐데…. 마을까지 들어가지도 못하겠는걸…. 괜히 갔다가 고생만 하고 허탕 칠 것 같은데 그냥 사무실로 나가 연락할까?'

한순간의 망설임이 있었지만 나는 바로 '약속'이라는 단어를 생각했다. '그래, 우린 약속을 했다. 무슨 일이 있어도 약속은 지켜야 한다. 그 약속은 부녀회 모든 회원들과 한 것이고 그 약속을 지키는 것이 내가 해야 하는 최고, 최선의 일이다. 가다가 돌아오는 한이 있어도 떠나야 한다.' 나는 서둘렀다. 그리고 우산을 무용지물로 만들어 버리는 굵은 빗줄기 속으로 들어섰다. 다행히 아침 일곱 시 버스를 탈 수 있었다. 장대비는 여전히 쏟아지고 있었다. 계속해서 퍼붓는 비로 인해 차창 밖이 보이지 않았다. '이러다가 물이 넘쳐 둑이 무너지거나 하천이 범람해 버스가 멈춰 버리면 어쩌지?' 덜컥 겁이 났다. 그런데 신기하게도 광주를 지나면서부터 빗줄기의 기세는 조금씩 약해지기 시작했다. 곤지암에서 버스를 갈아 탈 때는 서울에서 버스 탈 때와는 상황이 많이 달랐다. 오전 10시가 조금 못된 시간에 산북에 도착하니 비는 거의 그쳐 있었다. 산을 무겁게 덮고 있던 구름이 벗겨져 나가는 모습이 그저 신기하기만 했다.

부녀회장 집에 도착하니 이미 방안 가득히 부녀회원들이 모여 있었다. 그들은 나를 반기며 마치 소풍을 가려는 아이들처럼 마냥 즐거워하고 있었다. 그들의 눈빛을 보며 나 스스로에게 이야기했다. '어쩔 뻔 했나? 순간의 잘못된 선택으로 약속을 취소했더라면 부녀회원들에게 얼마나 큰 실망을 안겨 주었을까?'

그 날의 경험으로 소중한 가르침을 가슴 깊이 새겼다. 주민들과의 약속을 지키기 위한 최선의 노력, 그것이 바로 그들에 대한 예의이고 존중이라는 것을 깨달았다. 그 이후로 나에겐 약속을 반드시 지키는 습관과, 약속 시간에 일찍 도착하는 습관이 만들어졌다.

작은 것을 추구하라

2014년 노벨 물리학상을 받은 일본의 나카무라 슈지는 한 인터뷰 기사를 통해 "노벨상을 받으려면 작은 기업에 들어가라"는 독특한 메시지를 전한다. 사람들은 대체로 크고 많은 것을 좋아한다. 유한성을 지닌 인간으로 태어났으나 마치 영원히 살 것처럼 자기의 나이나 가족의 수 같은 건 염두에 두지 않고 무조건 큰 집, 큰 아파트, 큰 차를 마련하려고 애쓴다. 크고 많은 것을 소유하는 것이 삶의 목적이고 성공의 척도이며 행복의 조건이라 생각하는 것 같다. 어른들의 가치관이 그러니 아이들도 그것을 따라 한다. '왜 그래야 하는지'에 대한 생각 없이 이름난 큰 대학과 큰 기업에 들어가는 것이 소원인 아이들이 많다. 큰 것이 나쁘다는 것이 아니다. 큰 것이 주는 이점도 상당히 많다. 둘째 아들 호선이가 큰 기업에서 일하는 것을 살펴보니 일한 만큼의 보상과 적절한 대우를 받고 있었다. 물질적인 보상 외에도 많은 특전이 보장되었다. 무엇보다도 창의적이며 탁월한 지도자들을 현장에서 만날 수 있는 기회가 주어지는 것은 특별한 혜택이다. 그 외에도 경쟁을 이겨낸 훈련된 인재들이 모여드는 곳이어서 동료들 간에 배울 수 있고, 함께 일하는 과정에서 서로의 잠재력을 극대화하는 기회를 얻을 수 있다는 점 등이 장점이었다. 그것이 바로 대기업에서 일하는 일꾼들이 누릴 수 있는 혜택이라 생각했다.

그런데 나카무라 슈지는 왜 작은 기업에 들어가야 크게 되고 탁월한 인재가 될 수 있다고 하는가? 그는 "자기만의 세계에 미쳐 연구할 수 있는 곳이 바로 작은 기업이기 때문"이라고 설명한다. 나카무라 슈지의 이러한 관점과 논리는 다른 여러 영역에서도 공감을 얻고 있다.

한국에는 대형 교회가 많이 생겨나고 있다. 특히 젊은이들이 대형 교회를 선호하는 경향이 있다. 교회는 무엇인가? 성경에서 그 답을 찾아보면 '교회는 예수님의 몸'이고 교회의 구성원들은 몸의 지체로서 각각의 역할과 기능이 부여된다. 교회는 사랑과 나눔의 신앙 공동체이다. 초대교회의 정신을 함께 배우고, 신앙 안에서 하나님 사랑과 이웃 사랑을 실천하는 공동체이다. 그러한 공동체는 성직자를 중심으로 모든 성도들이 세상 풍조에 휩쓸리지 않고, 세상에 살지만 세상에 속하지 않고, 세상을 이기는 담대한 공동체가 되기 위해 훈련하는 곳이다. 교회가 지니는 사랑의 원리는 '무소유의 원리'를 토대로 한다. '공동체의 범위'는 자신이 가진 것을 어디까지 나누어 주느냐에 의해 측정된다. 이러한 교회의 존재이유와 그 기능과 역할이 제대로 작동되려면 교회는 너무 커서는 곤란하지 않을까? 어느 정도의 크기를 넘어서면 교회가 이 땅에 있어야 하는 존재의 당위성을 상실하는 것은 아닐까?

이렇게 살아도 행복해

몇 년 전, 미국의 한 교회 이야기를 읽고 감동받은 적이 있다. 그것은 워싱턴의 세이비어 교회 이야기로, 그 교회는 성도들을 강하게 훈련시키는 것으로 유명하다. 세이비어 교회는 교인의 수가 150명 수준을 넘으면 훈련된 성도를 도움이 필요한 곳으로 파송한다. 그래서 세이비어 교회에서 훈련 받은 많은 성도들이 모두 세이비어 교회에만 머물러 있을 수 없다. 세이비어 교회는 언제나 150명 수준을 유지하고 있다. 그럼에도 미국 사회에서 가장 역동적인 공동체로 하나님은 물론 세상과 소통하며 고통 받고 상처 입은 이웃을 섬기는 교회로 널리 알려져 있다.

'제 3섹터'라고 일컬어지는 시민 사회, 비정부 민간 조직들, 비영리 조직들은 어떤가? 사회를 변화시키고 발전시켜 정의와 평화, 인권이 보장되는 사회를 만드는 사명을 실천하는 것을 목적으로 세워지는 조직들도 큰 조직이 되려고 애쓴다. 물건을 생산해서 이득을 내는 기업도 아니고, 국민의 세금으로 운영되는 정부 기구도 아닌, 시민 사회의 참여와 그들이 헌신하는 물질로 운영되는 선한 사업을 한다는 민간 단체들이 큰 조직, 대형 조직을 열망하는 까닭은 무엇인가? 조직이 커지면 사명 실천의 성과도 높아진다는 논리인가? 사명 실천의 성과도 양적으로 측정하려는 것인가?

제 3섹터 단체들 간에도 경쟁하면서 누가 가장 큰 5대 기관으로 손꼽히는지를 따지며, 그것으로 기관의 우열을 가리기도 한다. 세상이 모두 대기업을 선호하고 따른다 해도 그걸 따라하지 말아야 하는 조직이 반드시 있다. 조직은 사람에 의해 운영되기에 건강한 사회 변화를 위해 세상풍조를 거슬러 갈 줄 아는 역량 있고 탁월한 인재들이 제 3섹터에 필요하다. '작지만 자유롭게, 올바른 일을 올바르게' 하는 사명실천에 미친 듯이 몰두하여 열정(enthusiasm)을 쏟을 수 있는 영혼은, 비록 노벨상은 받지 못해도 참으로 행복한 영혼이라고 믿는다.

모든 지체를 소중히 여기라

세상은 각양각색의 사람들이 함께 모여 일하며 사는 곳이다. 하나의 조직이 만들어지고 구성원들이 모여 일할 때 우리는 서로의 의견을 나누고 능력과 정보, 지식을 공유하면서 목표를 향해 함께 간다. 그때 구성원들 간에는 서로 다름이 드러난다. 그 중에는 탁월한 지도력을 보이는 사람이 있다. 남다른 지식과 정보를 가지고 기여하는 사람도 있다. 활달한 성격과 친화력을 발휘하면서 중요한 역할을 감당하는 사람도 있다.

그러나 그 중에는 있는지 없는지 잘 드러나지 않는 구성원도 분명히 있다. 그렇다고 그가 아무 짝에도 쓸모없는 사람은 결코 아니다. 외관상 사람들의 주목을 끌지 못하거나, 조직에 기여하여 성취한 결과물이 겉으로 잘 나타나지 않을 뿐이다. 어떤 물건을 조립할 때 수많은 종류의 크고 작은 부품들이 있을 수 있다. 크고 화려해 보이는 부품은 바로 눈에 띄지만, 작고 미세한 부품은 잘 드러나 보이지 않는다. 조립하는 사람이 자칫 실수하면 작고 미세한 부품을 놓치는 경우도 있다. 작은 부품 하나를 실수로 빠트리게 되면 겉보기엔 아무 이상이 없어 보인다. 그러나 조립한 물건이 제대로 작동하지 않게 되면 그때 조립 과정에서 뭔가 실수가 있음을 알게 된다. 서둘러 처음부터 다시 조립하면서 아주 작고 미세하여 눈에 띄지 않은 부품을 소홀히 하여 빠뜨렸음을 알게 된다. 그럴 때, 그 부품이 없이는 조립한 물건이 제대로 기능을 하지 못한다는 엄연한 사실도 우리는 깨닫는다. 우리는 놓쳤던 부품을 신중하게 포함시켜야 재조립에 성공한다. 그때 비로소 그 물건은 제대로 기능을 한다.

우리가 사는 지역사회나 기업, 혹은 NGO도 마찬가지다. 우리는 너무나 크고 힘세고 능력 있어 보이는 것에 치중하다가 작지만 매우 중요한 것을 놓쳐서 실패할 수 있다. 다름에 대한 차이를 존중하기보다는 줄을 세우고, 순위를 매기고, 월등한 것과 열등한 것을 나누고, 호감과 비호감으로 구분 짓고, 따돌리고 배제하고, 무시하고 차별하는 데 익숙하다. 가장 작은 부품도 크고 멋져 보이는 부품과 똑같이 가치 있고 소중한 부품임을 알아채고 인정하고 소중히 여기는 일은 결코 쉽지 않다. 이 땅에 아무런 목적 없이, 사명도 없이 태어난 존재는 단 하나도 없다는 엄연한 사실을 늘 기억하는 것은 참으로 중요하다. 그래야 우리는 함부로 타인을 판단하지 않으며 무례한 행동을 삼가게 된다.

이렇게 살아도 행복해

들꽃 향기는 하늘의 향기임을 알라 🌿

　나는 1980년대 중반에 성장 상담연구소에서 상담원 훈련 전 과정을 이수하였다. 내가 일하는 국제 NGO가 추구하는 사업의 접근법과 성장 상담연구소의 상담 접근법의 이론이 매우 흡사하여 마음이 끌렸다. 이 상담 접근법은 내담자 중심의 비지시적인 상담을 실천하는 로저스의 상담 이론에 기반을 두고 있지만 그 방법과 훈련 과정에는 차이가 있었다. 이것은 성장 상담의 성과가 온전히 상담을 필요로 하는 사람의 잠재력에 기인하고, 상담자는 내담자의 잠재력을 자극하여 긍정적인 방향으로 나가도록 함께 걸어 주는 과정이다. 이것은 내가 환경이 취약하고 낙후된 지역사회에 사는 농어촌 주민들과 함께 일하는 방식과 매우 흡사한 접근법이었다.

　미국에서 4개월간의 교환 프로그램을 마치고 귀국하면서 바로 연결된 성장 상담연구소의 훈련은 나를 개발자나 사업 전문가가 아닌 촉진자, 인도자, 훈련가의 길로 인도했다. 나는 기본 과정을 시작으로 전문가 과정을 거치면서, 소그룹 활동을 통해 참가자들은 각자의 역량을 강화해 나가고 도움이 필요한 이들과 함께 그들에게 힘을 실어 주는 자력화(empowering) 기법을 훈련했다. 그 훈련 과정에서 참가자들은 자신이 불리고 싶은 명칭을 선택했다. 본래 우리에게 주어진 이름은 매우 중요하다. 그러나 그 이름은 스스로 짓거나 선택한 이름이 아니다. 그 이름은 때로 너무 무겁게 느껴질 때가 있다. 우리는 편안한 훈련 자리에서는 다른 이름으로 불리고 싶다는 마음으로 별칭을 찾았다. 상담 훈련과정에서 참가자들은 자기의 별칭을 택하여 훈련 기간 내내 이름을 대신한다. 다른 사람의 성과 이름을 기억하기는 쉽지 않은데, 별칭은 한번 들으면 보통 기억이 되었다. 참가자들은 주로 자기가 추구하는 어떤 것을 별칭으로 삼기 때문에 연상 작용이 일어나는 것 같다.

나의 별칭은 '들꽃'이다. 나는 30여 년 전 성장 상담연구소에서 선택한 별칭을 지금도 여전히 지니고 산다. 어떤 모임에서건 별칭을 말하라고 하면 나는 서슴없이 '들꽃'이라고 한다. 들꽃 중에서도 '작은 들꽃'이라고 한다. 들꽃은 영어로 '와일드 플라워(wild flower)'라고 번역된다. 야생화란 뜻이다. 난 들꽃이 주는 드센 느낌이 싫다. 야생마, 들고양이 등 '들'이나 '야'를 넣으면 뭔가 강하고 드센 느낌을 준다. 내가 들꽃을 좋아하는 것은 잘 드러나지 않는 특징 때문이다. 들꽃은 드러나지 않지만, 절대 무시해도 좋은 존재가 아니다. 나름의 은은한 향기로 사람들을 감싸고 싶은 마음이 들꽃이라는 이름에 담겨 있다. 어느

날 미국에 사는 친구인 청섭이가 짧은 시를 보내 주었는데 그 글이
참 마음에 들었다.

들꽃 언덕에서

들꽃 언덕에서 알았다.
값비싼 화초는 사람이 키우고
값없는 들꽃은 하나님이 키우신다는 것을

그래서 들꽃 향기는 하늘의 향기인 것을

그래서 하늘의 눈금과 땅의 눈금은
언제나 다르고 달라야 한다는 것도
들꽃 언덕에서 알았다.

유안진

　　우리는 너무나 크고 힘세고 능력 있어 보이는 것에 치중하다가 작지만 매우 중요한 것을 놓쳐서 실패할 수 있다. 다름에 대한 차이를 존중하기보다는 줄을 세우고, 순위를 매기고, 월등한 것과 열등한 것을 나누고, 호감과 비호감으로 구분 짓고, 따돌리고 배제하고, 무시하고 차별하는데 익숙하다. 가장 작은 부품도 크고 멋져 보이는 부품과 똑같이 가치 있고 소중한 부품임을 알아채고 인정하고 소중히 여기는 일은 결코 쉽지 않다. 이 땅에 아무런 목적 없이, 사명도 없이 태어난 존재는 단 하나도 없다는 엄연한 사실을 늘 기억하는 것은 참으로 중요하다.

제
3
장

신앙의 유산

여기가 끝이 아님을 알라 🍂

2013년 9월 6일은 남편 안덕준 장로가 소천한 지 7년 째 되는 날이었다. 새벽 예배에 나가려고 준비하는데 나의 맏손녀 은비가 일어나 따라나선다. 자기도 새벽 기도를 다니기로 결심했단다. 이 아이는 나에게 특별한 존재다. 우리 부부의 맏태생인 아들의 맏딸로 우리 부부의 첫 번째 손녀이다. 은비가 태어났을 때, 남편 안 장로는 이미 파킨슨씨병을 앓고 있었다. 그러나 당시에는 심하지 않아서, 은비가 어릴 때는 함께 여행도 다니는 등 가족들이 함께하는 시간이 자주 있었다. 그러나 파킨슨씨병은 불치의 병으로 시간이 지날수록 점진적으로 나빠지는 매우 힘든 질병이다. 병을 앓는 환자나 돌보는 가족들을 모두 지치고 기진맥진하게 하는 참으로 가슴 아픈 질병이다. 은비가 초등학교 2학년 때 남편 안 장로는 세상을 떠났다.

은비는 할아버지가 세상을 떠난 후, 아홉 살 아이답지 않게 나를 따뜻하게 보살폈다. 가끔 함께 손을 잡고 길을 걷다가 파킨슨씨병 환자의 걸음을 걷는 어른을 만나면 이 아이는 무조건 잡고 있던 손에 힘을 주면서 "할머니 울지 마세요"라고 한다. 당시 내가 참 힘들었던

이렇게 살아도 행복해

일은 길에서 남편이 투병했던 질병과 같은 병을 앓는 환자가 누구의 도움도 받지 못한 채 넘어질 듯 비틀거리며 걸어오는 모습을 보는 것이다. 그러면 나도 모르게 눈물이 나곤 했다. 은비는 늘 나에게 용기와 위로를 주었다. 아주 작은 아이인데, 이 아이는 항상 소망과 기쁨을 주는 존재였다.

우리에겐 특별한 그 날에 우린 함께 손을 잡고 새벽 예배를 위해 교회에 갔다. 준비기도 시간에 울려 나온 찬양에 나의 가슴이 뛰었다. "주님이 입으신 그 옷은 참 아름답도다……."

찬송가 87장이다! 이것을 어떻게 우연의 일치라 할 수 있을까?

7년 전, 남편 안덕준 장로의 장례 예배를 드리던 날, 나는 이른 새벽 망연자실하여 집의 작은 기도방에 홀로 앉아 있었다. 우리는 그 집에서 30년 넘게 살았다. 늘 남편과 함께였다 그러나 이제 나 혼자 남겨진다는 생각에 막막하였다. 남편의 긴 투병생활을 옆에서 지켜보면서, 그의 병이 쉽게 호전되어 건강을 회복할 수 있으리라고 기대한 것은 아니지만, 그렇게 속절없이 내 곁을 홀연히 떠나리라곤 미처 생각지 못했다. 파킨슨씨병은 불치의 병이지만 아주 천천히 진행되는 병이고, 그 질병이 직접적인 사망의 원인이 되지는 않는다고 의사들이 설명했었다. 그래서 나는 힘들지만, 정말 많이 힘들지만 남편이 오래 오래 함께 있어 주리라고 믿고 있었다. 나는 남편의 죽음에 대한 마음의 준비는 물론 그 어떤 다른 준비도 전혀 하지 못한 상태로 그의 죽음을 맞이했다. 나는 그렇게도 어리석고 바보 같은 철부지 어른이었다.

남편의 장례 예배가 있던 그 날 새벽, 나는 멍한 눈으로 하염없이 홀로 앉아 있다가 찬송가를 폈다. 하늘의 위로를 받고 싶어서 무작정 찬송가를 폈다. 찬송가 87장이 펼쳐졌다. 눈으로 찬송가의 가사를 따라 가다가 4절 가사에 나의 눈이, 그리고 마음이 고정되었다.

"내 주님 영광의 옷 입고 문 열어 주실 때 나 주님 나라에 들어가 영원히 살겠네."

나의 죄를 사해주시려 시온성 보다 더 찬란한 저 천성 떠나서 이 천한 세상에 오신 분, 그 분이 영광의 흰옷을 입고 천국 문을 열고 남편을 두 팔로 안아 맞아주신다는 확신이 들었다. 갑자기 큰 은혜와 위로의 물결이 나를 덮었다. 나는 성악가인 내 평생의 친구 영주에게 연락을 했다. 남편 장례 예배 때, 찬송가 87장을 조가로 불러달라고 부탁했다. 주님의 위로를 받고 나는 일어설 수 있었다. 머잖아 하늘나라에서 남편을 만나면 된다. 슬퍼하지 말자.

이렇게 살아도 행복해

믿음의 유산을 탐하라

"매일 좋든 나쁘든 우리의 남길 유산은 계속 쌓여 간다.(Each day we add to our legacy good or bad.)" 언젠가부터 나는 자녀들에게 남길 값진 유산, 영원한 유산에 대하여 깊이 생각해 왔다. 나는 부모님으로부터 귀한 믿음의 유산을 받았다. 부모님이 유산을 남겨 주시기를 가만히 앉아서 기다리지 않고 귀중한 유산을 받기 위해 욕심을 부리며 기도했고, 평생 일터에서 일하며 살았다. 그런데 나는 "자기 밥그릇도 챙기지 못한다"는 말을 들으며 살았다. 때로는 친한 교수로 부터 "선생님은 순진해도 바보같이 순진해요!"라는 말도 들었다. 그만큼 나는 이 세상을 살면서 영악하고 야무지게 살지 못한 것이 분명하다. 무언가를 얻기 위해 욕심을 부리지 않은 것 같다.

그럼에도 불구하고 내가 절대로 포기할 수 없었던 것이 한 가지 있었다. 나는 나의 어머니의 신앙을 유산으로 받기 위해 기도하고 간구했다. 나는 나의 형제자매들이 이 유산에 대해 기도했는지, 간절히 사모했는지, 혹은 나처럼 욕심내어 기도했는지는 알지 못한다. 나는 형제자매들과 우애 깊게 살아왔고 지금도 여전히 친밀하다. 그러나 이런 문제를 언급한 적은 없고, 이런 이야기를 나눈 적도 없다. 그러나 난 이 문제를 매우 심각하게 생각했고, 욕심을 부렸다. 욕심은 나쁘지만 이러한 욕심, 즉 내가 많이 가짐으로 인해 나의 형제자매가 손해 보는 것이 없는 욕심은 괜찮고 좋은 것이라고 생각했다. 믿음의 유산은 물질의 유산과 달리 총량이 정해져 있지 않기 때문이다. 그것은 하나의 파이처럼 일정한 양이 있어서 한 사람이 많이 가지면 나머지 사람이 적게 가지게 되는 것이 아니다. 그래서 나는 믿음의 유산에 욕심을 내어 기도했다.

나는 믿음의 유산도 가만히 있으면 자연적으로 주어지는 것으로 생각하지 않았다. 그리고 나는 믿음의 유산을 구할 때 아주 구체적으로 구했다. 나는 어머니처럼 새벽을 깨우면서 기도하기를 원했다. 나는 어머니처럼 주님 한 분만 의지해서 살기를 원했다. 나는 어머니처럼 위기에 봉착했을 때 오직 하나님께만 호소하는 믿음을 원했다. 나는 어머니처럼 단순하고 순수한 기도를 드리는 사람이 되길 원했다. 어머니가 누렸던 예수님과의 친밀한 관계를 나도 누리고 싶었다. 어머니처럼 인자하고 겸손하고 온유한 성품을 닮기 원했다. 어머니처럼 계산 없이 헌신하고 봉사하는 마음을 닮고 싶었다. 어머니의 믿음과 관련된 모든 것을 물려받고 싶었다. 내가 나의 어머니처럼 믿음으로 살아야만, 나의 자녀들도 나의 믿음을 유산으로 받기를 욕심내게 되리라고 믿었기 때문이다.

나는 나의 자녀들에게 진정으로 값진 유산을 남겨 주고 싶다. 나의 두 아들 용선, 호선에게, 두 며느리 정임, 효정에게, 나의 손녀들 은비, 솔비, 예빈, 예원에게, 그리고 나의 형제자매와 그들의 자녀들에게, 일가친척에게, 일터의 동역자들과 나를 아는 모든 친구들에게 내가 받은 유산을 아낌없이 나누기를 원한다.

그러기 위해서는 매일의 삶을 통해 믿음 생활에 합당한 간증을 남길 수 있어야 한다고 생각했다. 오늘이 내 생애 마지막 날인 것처럼, 오늘 하루 순간순간을 신실하게 살고 싶다. 인생은 순간의 총합이기 때문이다.

"그러므로 여러분은 하나님의 택하심을 입은 사랑 받는 거룩한 사람답게, 동정심과 친절함과 겸손함과 온유함과 오래 참음을 옷 입듯이 입으십시오. 누가 누구에게 불평할 일이 있더라도, 서로 용납하여 주고, 서로 용서하여 주십시오. 주님께서 여러분을 용서하신 것과 같이, 여러분도 서로 용서하십시오."(골로새서 3장 12-13절)

썩는 한 알의 밀알이 되라 🍃

　　나의 아버님은 1987년 7월 17일 제헌절 기념일에 소천 하셨다. 평생을 건강하게 열심히 일하며 사셨는데 노년에 폐암 진단을 받으셨다. 많이 고통스러운 병이라고 하여 우리 가족은 염려와 두려움으로 아버님을 보살폈다. 다행스럽게도 아버님은 큰 고통 없이 당신이 어떤 진단을 받았는지 모르는 채, 편안하게 사시다가 소천 하셨다. 마침 교회 어른들이 심방 오셔서 아버님의 침상에 둘러서서 기도하고 찬송하는 가운데 조용히 눈을 감으셨다. 장례 절차를 준비하면서, 어머니는 나를 불러 아버지 비석에 써넣을 성경 말씀을 찾으라 하셨다. 당신도 머잖아 이 세상을 떠날 것이니, 그 때 합장할 것이고 내가 고르는 성구가 어머니의 묘비명도 되는 것이라고 하셨다. 나는 주저하지 않고 평소에 늘 묵상하며 좋아하는 성구인 요한복음 12장 24절을 선택했다. 그리고 어머니께 말씀드렸다.

　　"내가 결혼하고 아이들을 낳아 기르면서 비로소 나의 부모님이 정말 훌륭한 분들이라는 생각을 하게 되었어요. 우리 5남매를 위해 철저히 희생하고 헌신하신 부모님의 사랑을 이제야 깨닫게 되네요. 철

　　　　　　　　　　　　　　　이렇게 살아도 행복해

들면서 비로소 썩어지는 한 알의 밀알이라는 진리를 알게 되었어요."

내 부모님의 묘비에는 요한복음 12장 24절이 새겨져 있다.

"내가 진정으로 진정으로 너희에게 말한다. 밀알 하나가 땅에 떨어져서 죽지 않으면 한 알 그대로 있고, 죽으면 열매를 많이 맺는다."

우리 형제자매를 위해 헌신하신 부모님을 생각하며 감사하는 마음으로 이제 내가 부모님처럼 살아야 하는 일만 남았다.

2006년 9월 6일 오후에 남편이 세상을 떠났다. 나의 큰 아들이 묘비에 적어 넣을 성구를 나에게 물었다. 나는 요한복음 12장 24절을 새겨 넣자고 했다. 언젠가 나도 남편과 함께 묻힐 것이기에 그렇게 하고 싶었다. 그래서 나는 나의 묘비명을 적어 놓고 살고 있는 사람이 되었다. 얼마나 큰 행운인가? 지금까지 나 자신이 이 땅에 보내져서 제대로 썩어지지 못해 열매를 맺지 못했지만, 아직 나에겐 시간이 남아 있다는 것이 위로가 된다.

지난 양력설에 두 아들 용선, 호선이, 두 자부 정임, 효정이, 그리고 나의 사랑하는 손녀들 은비, 솔비, 예빈, 예원이와 함께 모란 공원 남편의 묘소를 찾아가 성묘하고 예배드렸다. 그리고 비문을 다시 한 번 마음에 새기고 돌아왔다.

엊그제 음력설에는 우리 5남매 중 한국에 살고 있는 동생들인 김응호 장로 부부, 김인애 권사와 함께 양지 선산에 계시는 부모님을 찾아 성묘하고 예배드렸다. 그리고 묘비에 선명하게 새겨진 성구를 찬찬히 읽으며 마음에 그 말씀을 다시 한 번 새겼다. 썩는 한 알의 밀알 되자고 다짐하였다.

"내가 진정으로 진정으로 너희에게 말한다. 밀알 하나가 땅에 떨어져서 죽지 않으면 한 알 그대로 있고, 죽으면 열매를 많이 맺는다."(요한복음 12장 24절)

믿음의 계보를 지키라

엊그제 내린 눈이 아직 그대로 쌓여 있는 새벽 산책로를 나는 걷는다. 오늘 새벽 예배에서 읽은 창세기 27장 말씀을 다시 새겨 본다. 익숙한 이야기들로 가득한 창세기가 나이가 들면서 다르게 읽혀지고 특별한 의미로 다가오니 신기하다. 태어날 때 형의 발뒤꿈치를 붙잡고 태어난 쌍둥이 형제 야곱과 에서의 이야기를 나는 동화처럼 들으면서 자랐다. 하나님의 복을 많이 받고 부요한 생애를 누린 이삭이 말년에 나이 많아 눈이 어두워 쌍둥이 두 아들을 구분하지 못하고, 아내 리브가의 계략에 따라, 맏아들 에서가 아닌 둘째 야곱에게 믿음의 유산을 물려주고 믿음의 계보를 잇게 해서 엄청난 복이 장자 에서가 아닌 야곱에게 내려지는 이야기로만 알고 있었다. 이 이야기는 어린 마음에도 무언가 석연치 않은 부분이 있었다. 나는 감히 묻지 못한 채 그냥 믿어야 하는 이야기로 알고 살아왔다. 그때는 단순히 이삭이 나이가 많아 분별력이 없어서 엄청난 실수를 한 것으로 생각했다. 그런데 새벽 기도에서 목사님으로부터 이 내용은 창세기 27장 바로 전 장 마지막 두 절과 연관되어 있다는 깨우침을 받게 됐다.

"에서는 마흔 살이 되는 해에 헷 사람 브에리의 딸 유딧과 헷 사람 엘론의 딸 바스맛을 아내로 맞았다. 이 두 여자가 나중에 이삭과 리브가의 근심거리가 된다."(창세기 26장 34-35절)

당시의 시대적 상황으로 볼 때, 믿음의 계보를 이을 권리와 책임을 맡아들인 에서가 스스로 포기한 모습을 성경이 전하고 있다. 맏태생인 에서의 결혼이 부모님의 마음에 근심이 되었다고 전한다. 왜 그는 이삭과 리브가의 마음에 근심이 되었나?

이삭은 나이가 많아 눈이 어두워졌을 뿐 아니라, 영의 눈도 어두워진 것이다. 마음에 근심이 되었지만 하나님만을 믿는 믿음의 계보를 어떻게 계승해야 할지 분별력마저 잃은 것 같다. 영적인 일은 영적으로, 육적인 일은 육적으로 처리해야 함에도 복의 통로를 바로 잡지 못했다. 리브가는 상황 판단이 빠른 지혜로운 여성이다. 그러나 그는 거룩한 일을 행함에 있어서 거룩하지 못한 방법을 사용한다. 분별력을 잃은 남편을 속여 장자의 몫인 믿음의 유산을 작은 아들이 상속받도록 일을 꾸민다. 실상 이 부분에서 성서를 읽는 사람들은 혼란스럽다. 그럼에도 불구하고 여기서 깨닫게 되는 것은 '하나님의 뜻과 계획'이 인간의 그것과 다르다는 것이다. 인간의 부족함과 연약함, 악함 등의 모든 약점에서 비롯되는 행위에도 불구하고, 놀라운 하나님의 계획은 오차가 없이 이루어져 간다는 사실이다.

믿음의 계보를 지키는 일은 매우 귀하다. 이 일은 그 무엇과도 바

이렇게 살아도 행복해

꿀 수 없는 유산으로 물려받아야 하는 보물이다. 믿음의 사람은 그것을 받아 누리고, 또 그것을 물려 줄 사명을 가지고 있다. 믿음의 계보를 이어가는 일, 믿음의 유산을 상속받는 일 보다 더 값지고 귀한 것은 없기 때문이다. 이 유산이 내려지면, 자손들은 영적인 부요를 더 풍성히 누리게 된다.

"근심하는 사람 같으나 항상 기뻐하고, 가난한 사람 같으나 많은 사람을 부요하게 하고, 아무것도 가지지 않은 사람 같으나 모든 것을 가진 사람입니다."(고린도후서 6장 10절)

이런 삶을 자손들이 살게 되길 기도한다.

내려놓을 때를 알라 🍂

　1980년대에 '한 송이 이름 없는 들꽃으로'라는 저서를 통해 이현주 목사님을 처음 만났다. 그 첫 만남의 감동은 수십 년이 지난 지금까지 너무나 생생하다. 내가 속한 교단의 목사님이지만 직접 만나는 기회는 한두 번 일뿐, 늘 글을 통해 만나곤 한다. 오늘 아침에도 글을 통해 목사님을 만났다. 목사님의 글은 이렇게 시작되었다.

　"고등학교 2학년 때였다. 집안 형편이 내가 학교엘 다닐 만큼 좋지 못하다는 이유로 나는 등교를 거부했다. 그리고 통신교육인가 뭔가를 하겠다고 고집을 부렸다. 지금 생각해 보면 참 바보 같은 짓이지만, 당시에는 제법 진지했다. 그러나 그것이 어머니에게는 견딜 수 없는 아픔이었던 모양이다. 타이르고 꾸중하고 온갖 방법을 다 동원했지만 그때 나의 결심은 비장한 바가 있어서 어머니도 어쩔 수가 없었다. 그러던 어느 날, 나는 한밤중에 누군가 흐느끼는 듯 한 소리를 들었다. 잠을 깨고 정신을 차려 보니 재봉틀에 앉은 채 어머니가 기도를 드리고 있었다. 내용인즉, 한 마디로 요약해서 나를 포기하는 것이었다.

이 아들에 대해서 더 이상 자기는 어쩔 수가 없으니 이제 그만 포기한다는 그런 기도였다. 이제 포기하고 두 손 들었으니 앞으로는 아버지께서 친히 길러 주십사는… 아아, 나는 그 기도를 몰래 들으면서 얼마나 뜨겁게 울었는지 모른다. 위대한 나의 어머니! 그분의 용기 때문에, 아들을 버리는 용기 때문에, 오늘까지 나는 아버지의 손에 붙잡힌 바 되어 이렇게 살아왔던 것이다."(이현주 선집 제 3권 '나의 어머니 나의 교회여')

이 글을 읽으면서 나도 울었다. 그리고 위로를 받았고 안심도 되었다. 모성이란 어쩔 수 없는가 보다. 나는 수년 전, 이현주 목사님의 어머니가 하나님께 드린 기도와 너무나도 비슷한 기도를 하나님께 드리며 울었다. 다른 것이 있다면, 나는 너무 늦게 아들을 포기하고 온전히 하나님 손에 맡길 수밖에 없다는 깨달음을 얻은 것이다. 아들이 서른이 넘은 나이까지 내가 뭔가 아들을 위해 해야 할 일이 있다고 착각하고 있었다. 이미 늦은 것은 어쩔 수 없지만, 늦게나마 하나님께 아들을 맡길 수 있어서 다행이다. 깨닫는 지혜를 얻음에 있어서 나는 이현주 목사님의 어머니보다 20여 년을 지각한 셈이다. 그럼에도 불구하고 감사드린다.

이현주 목사님은 이 세상의 모든 어머니는 거룩하다고 말한다. 더 빨리 전능자의 손에 아들을 맡겼더라면 나의 짐이 그렇게 무겁지 않앐을 것이다. 그렇게 오래 힘들지 않았을 것이다. 나이가 몇 살이건, 아들을 끝까지 책임져야 하는 줄 알고, 그것이 어미가 된 도리라고 생각했던 어리석음을 깨달았다. 전능자의 계획과 섭리 안에 아들을 내려놓으니 안심할 수 있었고 참 평안을 누릴 수 있었다.

겸손은 존귀의 길잡이임을 알라

"그는 흥하여야 하고, 나는 쇠하여야 한다."(요한복음 3장 30절)

예수께서 출생하기 6개월 앞서 태어난 세례 요한은 이렇게 고백했다. 세례 요한은 과연 누구인가? 성경을 읽으며 이해가 어려운 내용이 한두 곳이 아니지만, 특히 세례 요한의 생애를 생각하면 이해가 되지 않는다. 억울하고 분한 생각마저 든다. 예수는 세례 요한을 향해 "여자가 낳은 자 중에 가장 큰 자"라고 극찬한다. 세례 요한이 활동하던 당시에도 많은 사람이 "요한이 누구인가?"라며 궁금하게 생각했다.

그래서 사람들이 물었다. "당신이 우리가 모두 기다리는 메시아입니까?" 요한은 그 질문에 분명하게 대답한다. 나는 "메시아가 아니다. 나는 엘리야가 아니다. 나는 선지자가 아니다.", "그럼 당신은 누구입니까?" 그러자 요한은 "나는 주의 길을 곧게 하라고 광야에서 외치는 자의 소리다"라며 자신의 정체성을 증언한다. 세례 요한은 자기가 누구인지 분명히 말하고, 예수가 누구인지 명쾌하게 소개한다.

"요한이 대답하였다. 나는 물로 세례를 주오. 그런데 여러분 가운데 여러분이 알지 못하는 이가 한 분 서 계시오. 그는 내 뒤에 오시는 분이지만, 나는 그분의 신발 끈을 풀 만한 자격도 없소."(요한복음 1장 26-27절)

이렇게 영적으로 매우 겸허하게, 그리고 열정적으로 주의 길을 예비한 사람, 세례 요한! 그는 불의를 참지 못하고 직언을 두려워하지 않았다. 당시 불의한 권력자 헤롯왕의 부정한 사생활을 지적함으로 미움 받고 어이없게 무참한 죽음을 맞는다.

우리는 세상을 살면서 이해할 수 없고 설명하기 어려운 불가사의한 일들을 많이 만난다. 요한의 죽음은 늘 나에게 이해하기 어렵고 풀리지 않는 문제로 가슴 속에 남아 있다. 세례 요한은 보통 사람이 아니다. 그는 순수 그 자체이고 꾸밈이 없다. 그래서 타협도 없다. 처음부터 욕심이나, 경쟁심이나, 허영심이 없이 태어난 존재로 자리매김을 한다. 그도 분명 인간의 마음을 가지고 태어났다. 그를 따르던 제자들이 그를 버리고 예수를 따라갈 때 섭섭했을 것이다. 그도 사람의 마음을 가졌기에 서운하고 마음이 많이 아프지 않았을까? 그런데 그는 담담하게 이렇게 말한다. "그는 흥하여야 하고, 나는 쇠하여야 한다." 인간으로 태어나서 이렇게 말할 수 있는 사람이 어디에 또 있을까? 이것은 사심 없이, 욕심 없이, 겸허하게 자기를 통째로 내려놓는 모습이다. 세례 요한의 이 겸손함과 내려놓음이 내게 큰 도전이 된다.

이렇게 살아도 행복해

광야 훈련이 성숙의 기회가 되게 하라

'훈련'은 나에게 매우 친숙한 말이다. 내 일의 중심인 '아동인권 교육'에 반드시 '훈련'이란 단어를 달아 '아동인권 교육 훈련'이라고 쓰도록 내가 고집하는 데에는 나름 이유가 있다. 단순히 지식만을 위한 교육은 교육의 목적을 다하지 못한다. 배운 것을 반드시 훈련을 통해 경험하고, 그 경험을 통해 깨달아야 한다. 그리고 그 깨달음이 삶의 변화로 이어져야 교육의 목적이 달성된다고 나는 확신한다. 교육이 바로 훈련은 아니다. 교육에서 훈련은 중요한 과정이다. 훈련을 통해서 교육의 목적이 달성된다.

평생 광야 길을 한 번도 걸어 보지 않고 평탄한 길로만 인생길을 마무리하는 사람은 없을 것이다. 그러나 모든 인생이 광야를 걸었다고 해서 깨달음을 얻고 변화되는 것은 아니다. 사람들 특히 신앙을 가진 사람들의 광야는 시련이고, 공부하는 학생들의 광야는 시험이다.

학생은 좋은 성적을 얻고 학위를 얻기까지 여러 차례 훈련 기간을 거친다. 그들은 각종 시험을 통과해야 한다. 인간은 누구나 자신에게 닥치는 시련을 극복하고, 시험을 이겨야 한다. 우리 모두가 시련을 두려워하고, 고난을 피하고 싶어 하듯이 학생들은 시험을 싫어한다. 시험을 좋아하는 학생은 없다. 그러나 시험이 학생들을 유익하게 한다는 사실을 부정할 사람은 많지 않을 것이다. 시련이나 고난, 역경 그리고 시험은 힘들지만 잘 통과하기만 하면 분명 유익이 된다. 특히 학생들이 치르는 시험의 경우, 시험을 치르기 위해 준비하는 과정에서 평소에 생각지 못했던 지식과 정보에 접하고 귀한 깨달음을 얻는 경험을 한다. 힘들기는 하나 시험은 학생들에게 필요하고 유익하다.

나는 대학에서 강의할 때 시험 문제를 출제하면서 내가 강의한 내용보다 더 깊은 의미를 깨달은 적이 있다. 그것은 참 신기한 느낌이었다. 강의를 준비할 때는 보이지 않던 부분이 시험 문제를 출제하는 과정에서 보이는 경우가 있다. 사람은 고난을 통해 배운다. 어려운 길을 걸을 때 깨달음을 얻는다.

나 또한 삶의 여정에서 짧지 않은 기간을 험한 광야로 내몰린 때가 있었다. 곧바로 오아시스에 도달할 수 있음에도 고통스러운 '우회도로'를 통해 사막으로 인도된 적도 있었다. 그때는 잘 깨닫지 못하여 "왜?"라는 물음을 수없이 되풀이 했다. 15년의 긴 세월 동안 고난의 길을 견딘 후, 변화된 나의 모습을 보게 되었다. 모태로부터 기독교인이었지만, 고난의 여정을 지난 후 나의 신앙은 그 모습을 달리하고 있었다. 세상이 바뀐 것도 아니고, 상황이 나아진 것도 아닌데 바로 내가

이렇게 살아도 행복해

변한 것이다. 나의 삶에 변화가 왔다. 경제적인 상황이 개선되거나 일상이 편해졌다는 의미가 아니다. 이 세상의 삶은 여전히 고달프고 힘들어도 나의 내적 삶에 평안이 있고 고요가 깃들었고, 기쁨이 있다. 그리고 삶을 바라보는 나의 관점이 달라지고 타인을 대하는 태도와 자세에 변화가 생겼다.

광야 훈련을 통해 이스라엘 백성이 영적인 성숙을 이루었듯 나의 광야 훈련 15년은 내 생명의 근원이 어디며 삶의 주관자가 누구인지 확실히 알고 고백하는 삶으로 나를 인도했다. 훈련은 힘든 과정이지만 훈련을 통해 많은 유익을 얻고 성숙한 삶으로 나갈 수 있다.

모세에게 겸허를 배우라 🌿

　친구들이 한 자리에 모였다. 이들은 어릴 때 만나서 평생을 함께
해 온 친구들이다. 우리는 조촐한 식당에서 점심을 먹고 한 친구의 집
에 들어가 다과를 나누면서 즐거운 수다의 시간을 가졌다. 70대에 접
어들고 보니 마음과 달리 우리의 겉모습은 많이 변했다. 배우자의 성
품과 조건이나 환경 등에 따라 친구들의 겉모습도 변하고, 각자 처해
있는 환경에 따라 삶의 스타일도 많이 변했다. 그 모습들이 애잔하다.
친구들이 모이면 대화는 늘 영적인 이야기와 세상의 화제 사이를 오
락가락 한다. 오늘은 한 친구가 최근 은혜 받은 이야기를 했다. 친구
가 은혜를 받은 이야기는 '기도에 관련된 것이었다.

　"하나님은 우리에게 기도 수표를 주셨다. 그것도 백지 수표를 주셨
다. 그러나 많은 그리스도인들이 기도 수표의 가치를 잘 모르고 있다.
그래서 적극적으로 사용하지 못한다."

　얼핏 그 이야기는 매력적으로 들리고 마음이 끌리는 말인 것 같다.
그러나 한편으로는 그것이 위험한 가르침이란 생각도 든다. 오늘 우리
가 사는 세상이 지나칠 만큼 물질적인 사고에 물들어 있어서, 영적인

문제도 세속적으로 설명해야 알아듣기 때문에 설교자들은 청중을 자극적으로 깨우쳐 기도에 힘쓰게 하려고 그런 표현을 쓴 것 같다. 이 말을 잘못 받아들이면 기도가 "돈 나와라 뚝딱"하며 열어보는 '요술 상자'와 같이 되지 않을까?

우리는 성경을 통해 기도를 배운다. 예수는 우리에게 기도를 가르쳐 주셨다. 그분이 가르치신 기도는 제일 먼저 하나님의 나라와 의를 구하고, 다음으로 '일용할 양식'을 구하는 것이었다. 그날에 먹을 '한 날의 양식'이 있으면 족한 줄 알라고 했다. 예수의 겟세마네 동산의 기도는 어떠한가? 처절한 영적 싸움의 기도였다. 땀방울이 핏방울이 되어 떨어지는 기도였다. 우리가 어떻게 그런 예수의 기도를 배울 수 있을까? 선지자 다니엘과 다윗, 예레미야, 이사야, 에스겔의 기도 등 성경에는 우리에게 기도를 가르치는 선지자들의 기도가 가득하다. 새벽 기도 시간에 하나님의 사람인 모세의 기도를 배웠다.

"주님, 당신은 대대로 나의 거처가 되어 주셨습니다. 당신은 온 땅과 세계를 조성하셨습니다. 영원부터 영원까지 계시는 영원한 분이신 주님, 저는 티끌입니다. 그래서 티끌로 돌아갑니다. 기껏 살아야 칠십, 강건하면 팔십을 살겠지만, 연수의 자랑은 수고와 슬픔입니다. 저를 불쌍히 여겨 주십시오. 나를 괴롭게 하신 날 수대로, 내가 화를 당한 연수대로 나를 기쁘게 해 주십시오. 주께서 행하신 일을 주의 종들에게 나타내 주시고 주님의 영광을 나의 자녀 손들에게 나타내 주십시오. 하나님의 은총을 우리들에게 내려 주십시오. 우리가 세상에서 하는 일들을 축복하시고 견고케 해 주십시오. 우리의 손이 행한 일을 견고케 해 주십시오!"(시편 90편 요약)

모세의 기도는 길지 않다. 그것은 구함이라기보다 고백이다. 모세는 자신의 하나님은 어떤 하나님인지, 그리고 자신이 과연 누구이며 어떤 존재인지를 분명하게 고백한다. 티끌인 자신이 결국 티끌로 돌아갈 존재임을 그는 고백한다. 그래서 자신과 자신의 자녀들, 종들에게 은총 내려 주기를 하나님께 겸허하게 요청 드린다. 나도 모세의 기도를 배워 모세처럼 겸허한 자세로 세상을 이길 수 있기를 기도드린다.

중보 기도, 바르게 하라

중보기도(intercessory prayer)는 무엇인가? 중보 기도는 어떨 때, 왜, 어떻게 하는 것인가? 헨리 나우웬(Henry J.M. Nouwen, 1932-1996)의 글에 중보 기도에 대한 이야기가 나온다.

"사람들에게 '기도해 드리겠습니다'라고 말하는 것은 아주 중대한 약속이다. 안타깝게도 이 말은 단순히 선의의 관심의 표현에 지나지 않을 때가 많다. 그러나 머리에서 가슴으로 내려가는 법을 배우면, 우리 삶을 스쳐 간 모든 사람들이 하나님의 치유의 임재에 이끌려 들어와 우리 존재의 중심에서 하나님의 만지심을 입는다. 이것은 감히 말로 표현할 수 없는 신비다. 존재의 중심인 우리 마음이 하나님 자신의 마음으로 변화되는 신비이다. 그분의 마음은 온 우주를 품을 만큼 큰 마음이다. 기도를 통해 우리는 인간의 모든 고통과 슬픔, 모든 갈등과 고뇌, 모든 고문과 전쟁, 모든 굶주림과 외로움과 불행을 자신의 마음에 품을 수 있다. 심리적·정서적 역량이 대단해서가 아니라 하나님 마음이 우리 마음과 하나가 되었기 때문이다."(헨리 나우웬의 '기도의

삶)

힘든 일을 당할 때마다 가까운 친척과 친구들, 그리고 신앙 공동 체에 속한 많은 성도들로부터 "기도해 드리겠습니다"라는 친절한 말을 들었다. 나 또한 친구들이나 직장 동료 혹은 가족들의 기도 제목을 듣게 되었을 때, "너무 걱정 마세요. 함께 기도해요"라는 말을 서슴 없이 해 왔다. 그러나 내가 자청하여 약속한 말조차도 잘 지키지 못하는 나의 태도를 보면서 무성의하고 위선적인 모습을 성찰하고 뉘우 치곤 한다. 나는 무엇보다 중보 기도를 약속한 사람에게 죄책감을 느낀다. 때로는 내가 열심히 중보 기도를 하면서도 나같이 부족한 사람의 기도가 그분에게 얼마나 도움이 될까 의심이 들기도 한다.

나는 중보 기도에는 특별한 능력이 있다고 배웠다. 왜 중보 기도에 는 특별한 능력이 임할까? 오래 전부터 나는 중보 기도는 무조건 기도를 부탁한 사람의 사정을 하나님께 대신 아뢰면 되는 것인 줄 알았다. 그러나 중보 기도는 그렇게 단순한 기도가 아님을 헨리 나우웬 신부의 글을 통해 배웠다. 또한 중보 기도가 왜 그렇게 중요하고 특별한 능력이 있는 기도가 되는 지, 중보 기도를 어떻게 해야 하는지도 배울 수 있었다.

중보 기도를 할 때 기도하는 자는 내가 아니라 내 안에서 기도하시는 하나님의 영, 즉 성령이다. 중보 기도를 통해 나의 친구, 이웃, 동료의 아픔과 고통, 갈등과 고뇌를 내 것으로 품어야 한다. 내가 예민한

감성을 지녔다거나 유난히 사랑이 많고 혹은 대단한 능력이 있어서가 아니다. 하나님의 마음, 곧 우리의 세밀하고 은밀한 것을 속속들이 아시는 하나님의 마음이 나의 마음과 하나 되는 신비에 들어가게 될 때, 우리의 모든 아픔과 고통의 마음은 하나님의 만지심이란 역사 속으로 들어가게 된다.

나 자신을 위한 기도는 물론 이웃을 위한 중보 기도도 똑같은 원리로 응답받는 것임을 알게 되었다. 중요한 점은 내 존재의 중심인 마음이 하나님의 마음과 하나 되는 신비의 역사가 전제되어야 한다는 것이다. 그래서 중보 기도는 의무적으로 토해 내는 미사여구의 말잔치가 아닌, 진정성 있고 참된 사랑이 담긴 마음의 언어로 드려져야 한다. 이 점을 우리는 마음에 새겨야 한다.

오늘 내가 여기 이렇게 존재할 수 있는 이유는 단 하나다. 나를 위해 한결같이 중보 기도를 해주신 분들의 덕분이다. 그 중보자들은 나의 부모님, 자녀들, 친구들 그리고 목회자들일 수 있다. 그러나 그 누구보다 성령께서 한없는 탄식으로 나를 위해 중보 기도를 해주셨고, 지금도 여전히 중보하고 계심을 확신해야 한다.

"이와 같이, 성령께서도 우리의 약함을 도와주십니다. 우리는 어떻게 기도해야 할지도 알지 못하지만, 성령께서 친히 이루 다 말할 수 없는 탄식으로, 우리를 대신하여 간구하여 주십니다."(로마서 8장 26절)

상처의 그물에 걸리지 말라

헨리 나우웬의 '기도의 삶' 책머리에 수 모스텔러가 쓴 추천의 글이 있다. 우연히 나우웬과 마주친 수 모스텔러가 나우웬의 풀죽은 모습을 보고 무슨 일인지 물으며 시작된 대화의 한 부분이 추천의 글에 실려 있다. 나우웬은 고백한다. "오늘 속상한 일이 있었는데 다른 때보다 유난히 마음이 아픕니다. 오늘 아침에 여느 때처럼 서둘러 이사회에 가고 있을 때, 댄이 할 말이 있다며 나를 불러 세웠습니다. 내 정신이 딴 데에 가있었나 봅니다. 댄에게 다짜고짜 그럴 시간이 없다고 말한 것이지요. 방금 댄의 전화를 받았습니다. 성난 목소리로 언짢은 기분을 털어 놓더군요. 설교할 때는 그리스도인의 삶에 대해 멋진 이론을 늘어놓으면서 정작 내 삶은 그렇지 못하며, 소위 '기도의 사람'이라는 내가 이기적이고 무례하다고 했습니다. 나는 깜짝 놀랐습니다. 그야말로 허를 찌르는 말이었습니다. 상처가 되더군요. 맞는 말이라서 더욱 그랬습니다."

나는 기도 생활이 새로워져야 한다는 자성이 들 때마다 종종 '기도의 삶을 다시 펴서 읽는다. 요즘 나는 기도에 모든 것을 걸고 있다. 기도는 나의 삶의 우선순위 중 첫 번째이다. 나는 교회에서 '시무 장로'에서 '원로 장로'라는 새로운 명칭을 받았다. 그러나 시무 장로나 원로 장로가 아닌 '기도의 사람'으로 다시 한 번 기름 부어 달라고 간구한다.

기도의 사람은 어떤 삶을 살아 내야 할까? 기도의 사람은 어떻게 전능자를 만나야 하는가? 나우웬은 "소위 기도의 사람이라는 내가 이기적이고 무례하다는 비난을 받게 되었다"며 동료인 수 모스텔라에게 고백한다. 나는 현 시대의 강력한 영성가로 알려진 나우웬 신부의 진정성 있는 고백에 감동받고 기도의 사람이 되는 것이 얼마나 어려운 일인지 다시 한 번 깊이 생각해보았다.

나우웬은 네덜란드 태생의 사제로 20세기의 가장 영향력 있는 영성 작가 중 한 사람이다. 해박한 신학자이자 예언자, 상처 입은 치유자, 진정한 믿음의 사람, 인정 많은 친구로 세상에 알려졌다. 그는 예일대와 하버드대에서 가르쳤다. 그러나 그는 세상이 추구하는 물질과 명예, 칭송을 모두 뒤로 하고, 장애인들과 그들을 돕는 이들이 하나의 가정을 이루며 사는 캐나다 토론토의 '라르쉬 데이브레이크(L'arche Daybreak)'공동체에서 담임 사제로 섬겼다.

위에 소개된 나우웬과 수 모스텔러의 대화에 나오는 이야기의 주인공 댄은 바로 나우웬이 담임 사제로 섬기는 데이브레이크 공동체의

한 가족이다. 인간이 잠시 세상의 분주한 상황에 휩쓸리게 될 때, 아무리 기도의 사람이라 해도 한 영혼의 마음에 상처를 줄 수 있으며, 본의 아니게 상처를 입은 영혼으로 인해 본인 자신도 깊은 상처를 입게 된다. 그것이 바로 상처 입은 치유자의 모습인 것이다.

나우웬은 '기도의 삶'에의 우리의 부름은 "상처의 그물에 걸리지 않으면서 이 세상 한복판에 살라는 부름"이라고 말한다. 또 "기도는 그리스도인의 삶의 중심이며 기도야말로 우리의 삶에 꼭 필요한 한 가지"라고 단언한다. 그에 따르면 기도란 '지금 여기서 하나님과 함께 사는 삶'이다.

하나님의 종을 섬기라

기독교인들은 교회 공동체의 지도자를 '하나님의 종', 혹은 '주의 종'이라 부른다. 하나님의 종, 혹은 주의 종은 누구인가? 그들은 어떻게 세워지는가?

이사야서에 '하나님의 종은 하나님이 직접 선택을 한다'고 기록되어 있다. 하나님의 종은 하고 싶다면 아무나 할 수 있고, 되고 싶다면 되는 것이 아니란 뜻이다. 하나님은 당신의 종을 선택해서 부른다. 그리고 그 증거로 그에게 '하나님의 신', 즉 '성령'을 부어 준다. 하나님의 종에게 하나님의 신인 성령이 없으면 그 종은 참 종이 아니라고 성경은 말한다. 이것을 하나님의 소명이라고 한다. 그리고 하나님은 그가 선택하여 그의 영을 부어 준 종이 해야 할 일, 즉 사명을 내려주고 그 사명을 이루어 갈 성령의 능력을 부어 준다. 요약하면 주의 종에게는 소명과 사명이 있다.

주의 종은 공의를 베풀고 진리를 가르치며 세상에 빛을 발하는 일을 사명으로 삼고 일하는 사람이다. 그리고 하늘의 복을 열방에 베푸는 축복의 통로가 되는 사람이다. 하나님의 종은 '외치지 아니하며, 목소리를 높이지 아니하며, 그 소리가 거리에 들리게 아니하며, 상한 갈대를 꺾지 아니하고, 꺼져 가는 등불을 끄지 아니하는' 존재로 사역하도록 명령을 받는다. 고린도전서에서 바울 사도는 하나님이 불러 택한 주의 종에 대하여 이렇게 설명한다.

"형제자매 여러분, 여러분이 부르심을 받을 때에, 그 처지가 어떠하였는지 생각하여 보십시오. 육신의 기준으로 보아서, 지혜 있는 사람이 많지 않고, 권력 있는 사람이 많지 않고, 가문이 훌륭한 사람이 많지 않았습니다. 그런데 하나님께서는, 지혜 있는 자들을 부끄럽게 하시려고 세상의 어리석은 것들을 택하셨으며, 강한 것들을 부끄럽게 하시려고 세상의 약한 것들을 택하셨습니다. 하나님께서는 세상에서 비천한 것들과 멸시받는 것들을 택하셨으니 곧 잘났다고 하는 것들을 없애시려고 아무것도 아닌 것들을 택하셨습니다. 이리하여 아무도 하나님 앞에서는 자랑하지 못하게 하시려는 것입니다."(고린도전서 1장 26-29절)

하나님은 자신의 종을 직접 선택하여 하나님의 신, 곧 성령을 부어 일하게 한다.

"우리가 이 선물들을 말하되, 사람의 지혜에서 배운 말로 하지 아니하고, 성령께서 가르쳐 주시는 말로 합니다. 다시 말하면, 신령한 것을 가지고 신령한 것을 설명하는 것입니다."(고린도전서 2장 13절)

하나님의 종은 세상의 지식과 지위, 능력 문벌이나 학벌과 상관없이, 하나님이 하나님의 지혜로 선택하여 하나님의 방법대로 사용한다. 일단 택함 받고 부름 받았으면 본분을 다하되 염려하지 말아야 한다. 염려할 필요가 없다. 하나님의 종은 하나님의 성령으로 모든 것을 분별해 하나님의 구원 사역에 쓰임 받을 것이며, 성령의 능력으로 모든 일을 이룰 것이다. 그 일은 오직 하나님의 영광만을 위함이다. 따라서 주의 종은 하나님께 온전히 쓰임 받은 뒤, 모든 영광을 하나님께 올려 드리면 그 소임이 끝난다.

나는 남과 비교하지 않는다. 경쟁하며 힘 겨루는 일에 관심이
없다. 함께 돕고 즐기며 살아도 짧은 인생이다. 서로 경계하면서
이기려 하고 앞서려 하고 지배하려 하는 분위기에 휘말리는 것은
내가 원치 않는다. 나는 일을 좋아하기에 일을 즐기면서 살고 싶
다. 단순하고 순수하고 담백하게 일하며 살고 싶다. 일은 내 생존
의 이유이기 때문이다. 나는 능력 있는 일꾼이고 싶다. 능력 있
는 이인자가 되는 것, 그것이 나의 꿈이다. 일인자가 성공하는 것
을 돕고 싶다. 내가 능력이 된다면 일인자가 영광을 받도록 돕기
원한다.

제

4

장

영적 가족

의연하게 행동하고 스스로를 즐겨라

'나를 아프게 하는 것이 나를 강하게 한다.'

맏아들의 마흔네 번째 생일에 내가 선물로 선택한 책의 제목이다. 저자는 스위스 철학자 알렉상드르 졸리앙. 책 제목이 눈과 마음을 끌었다. 그렇다. 나를 아프게 하는 것이 나를 강하게 한다. 인간이 지닌 약점으로 인해 오히려 인간이 더 강하게 살게 된다는 저자의 체험적 증언이 담겼으리라 기대하며 졸리앙을 만났다.

그는 선천성 뇌성마비 환자이고 장애인이다. 양부모가 다 생존했는데도 인생 주기에서 가장 중요한 시기인 3살부터 17살까지 아동·청소년기를 장애인 요양 시설에서 살았다. 그 삶을 살아낸 졸리앙의 정신을 나의 아들이 접하기 원했다. 졸리앙은 고백한다.

"요양 시설에서 수없이 듣고 배운 말들 곧 '삶을 받아들여라' '그냥 놓아버려야 한다' '자신을 내려 놓으라'는 말들이 나에게 '학대'처럼 아프게 들렸다."

그의 글 가운데 내 가슴에 가장 깊이 닿은 단어가 하나 있다. '참 벗(L'ami dans le bien)'이란 단어이다. 졸리앙에 따르면 참 벗은 '판단하지 않고 들어주고, 함께 있어 주고, 안아주는 존재'다.

졸리앙은 파스칼의 말을 인용하여 이렇게 쓰고 있다. "양지 바른 이 자리는 내가 임자야" 라고 말하는 순간 온 세상을 향한 찬탈은 시작되는 것이다. 졸리앙은 말한다. "인간의 삶이 힘든 것은 모든 걸 내어주고, 그로써 모든 걸 받아 내려하기 때문이다. 삶을 차지하려고 애를 쓸수록 삶에서 얻는 것은 줄어든다."

그의 글에서 크게 공감하며 교훈을 얻은 것이 또 하나 있다. 그것은 '만남'이다.

"사람들과의 만남을 통해 다져지고 부서지는 과정이 없었다면 나는 이미 이 세상 사람이 아닐 것이다. 타인과의 진정한 만남은 우리가 가진 편견을 내려놓게 만든다."

많은 경우 타인을 함부로 판단하고 무례하게 대하는 것은 타인과의 진정한 '만남'을 이루지 못한 까닭임을 알 수 있다. 장애인 시설에서 학대받는 것처럼 아프고 고통스럽게 들어온 "삶을 있는 그대로 받아들이고 아무 것도 잡으려 하지 말라. 집착하지 말고 놓아 버리라. 그리고 모든 것을 내려놓으라"는 말들을 온 몸으로 실천해 낸 졸리앙은 지금 그의 '참 벗'인 아내와 사랑하는 세 아들의 '참 벗'이 되는 삶을 마음껏 누리며 살고 있다. 졸리앙은 스피노자를 인용하며 글을 마무리 한다.

"의연하게 행동하고 스스로를 즐겨라."

서로의 다름을 존중하라 🍃

서울 인사동 거리에서 가장 높은 빌딩의 12층 12호실이 내가 일하는 사무실이다. 서울 시내 한복판에 세워진 고층 빌딩에서 갑자기 가을비를 쏟아 내는 하늘을 올려다보니 장관이다. 멀리 남산 타워가 보이고 크고 작은 빌딩들이 한눈에 내려다보인다. 검은 구름이 아래로 쏟아져 내려오더니 갑자기 굵은 빗줄기가 쏟아진다. 빗줄기를 바라보며 잠시 생각에 잠긴다.

조금 전 광교에 있는 카페에서 아들과 이른 점심을 먹었다. 아들을 생각하면 늘 가슴이 먹먹하다. 그가 살아서 내 앞에 앉아 있다는 것이 기적같이 여겨지기도 한다. 때로는 정말 내 아들이 맞나 싶기도 하다. 아들은 우아하다. 어떤 때는 주변 환경에 대한 통찰이 예리하고 빨라 남다른 추진력을 보이기도 하고, 때로는 현실에 적응하는 능력이 떨어지는 것이 아닌가 싶기도 하다. 아들은 "맥도날드에 가서 햄버거를 먹을까?"라고 물으면 말없이 나를 분위기 있는 레스토랑으로 안내한다. 얼마 전에도 "집 근처에 있는 순두부 집에 가자"고 한 나를 압구정동에 있는 근사한 레스토랑으로 데려 갔다. 같이 다닐 때엔 자동

차를 아들이 몰기 때문에 나의 제안과 상관없이 최종 목적지를 정하는 것은 아들이다.

아들은 아동기, 청소년기 그리고 청년기를 별 어려움 없이 성장했다. 그러나 남편이 오랫동안 투병 생활을 마치고 세상을 떠날 즈음부터 아들과 내가 함께 겪은 역경은 우리를 지금까지 걸어 본 적이 없는 험한 길로 빠져 들게 했다. 그동안 살아온 삶의 스타일이 바뀌어야 하고 바뀔 수밖에 없는 상황에 처한 것이다. 우리의 모든 삶의 태도를 우리 스스로가 바꿔야 생존할 수 있는 상황으로 내몰렸다는 표현이 적절하겠다. 본래 단순하고 검소하게 사는 나의 스타일과 다르게 아들은 늘 격조 있는 스타일을 추구한다. 그건 물질의 문제가 아닌 삶의 스타일(life style)의 문제인 것 같다. 내게는 무엇을 먹느냐보다는 누구와 함께 먹느냐가 중요하지만 아들에겐 무엇을 어디서 먹느냐가 중요하다.

이날의 경우는 조금 달랐다. 분위기 있는 곳에 가서 브런치(brunch)를 먹자고 제안한 사람은 아들이 아닌 나였다. 아들이 서서히 자기 이름값을 하는 길로 들어서기 시작한 긍정적인 변화에 격려의 말을 건네며 축하해 주고 싶었다. 아들은 러시아의 상트페테르부르크로 단기 선교를 떠났다가 며칠 전 귀국했다. 뒤늦게 시작한 신학대학원 3학기가 시작된 지 두 주일쯤 후에 일어난 일이다. 결단이 쉽지 않은 상황이었다. 아들은 당뇨로 인한 상처로 발에 붕대를 칭칭 감고 다녀야 했다. 매일 발을 치료하며 소독해야 하는 상황이었다. 여행 중 발의 상처가 도지면 어떤 위험을 만나게 될 지 예상할 수 없는 일이었다. 그런데 여름방학 동안 참석했던 영성 워크숍 이후 자신이 아주 오래 전에 부름 받은 선교의 사명을 감당할 때가 왔다고 고백하며 러시아에서 진행되는 영성 워크숍의 자원봉사자로 참여했다. 그런 위험부담을 지닌 채, 부르심을 받았다고 확신하며 용감하게 선교지에 다녀온 아들에게 그곳에서 어떻게 하나님이 인도하셨는지를 듣고 싶었다.

세상에 부모를 힘들게 하지 않는 자녀가 있을까마는 이 아들은 아주 특별하다. 자기 힘으로 인생을 살아보려고 방황하다가 실패하였다. 그 실패가 한 두 번이 아니다. 늘 뭔가 손에 잡힐 것만 같아 따라가다 길을 잃고 헤매곤 했다. 이 아들은 자기 입으로 자신을 '돌아온 탕자'라고 했다. 아들은 러시아에서 귀국하는 길에 상트페테르부르크의 유명 박물관에서 렘브란트의 명화 '돌아온 탕자'의 사본을 사 들고 왔다. 헨리 나우웬 신부가 '돌아온 탕자'란 책에서 설명한 것처럼 아들은 박물관에서 '돌아온 탕자' 그림을 발견하고, 한 시간 동안 서서 하염없이 바라보았다고 한다. 역시 우아한 아들이다! 이제부터 이 아들의 내면이 진정 우아하게 성숙되어 가기를 나는 기도한다. 그것은 이 아들을 위함이 아니고 그를 부르신 분의 귀한 이름을 위해서 반드시 그래야 한다.

이젠 아들과 긴 이야기를 나누지 않고 마주보고 있기만 해도 그의 마음이 읽힌다. 이제야 아들이 제 인생의 궤도에 제대로 진입하는 것 같다. 내 아들이 검은 구름을 모아 큰 빗줄기를 만들어 온 세상을 적셔 주는 놀라운 분의 영광을 위해 쓰임 받는 존재가 되리라! 이 소망으로 인해 나는 기쁨이 넘친다.

토비아스처럼 질문하라 🌿

　우리는 경쟁 사회에 살고 있다. 사람들은 경쟁을 인간의 본능으로 생각한다. 우리는 사람들이 크고 작은 일상에서 일어나는 모든 일에 경쟁하는 모습을 본다. 즐겁고 재미난 놀이나 게임을 하다가도 이기지 못하면 울거나 화를 내는 아이들을 종종 볼 수 있다. 나와 나란히 앉아 함께 배우는 친구들, 가까이 사는 이웃들을 모두 경쟁의 대상으로 바라보는 세상이 되었다. 경쟁한다는 것은 우열을 가려 높고 낮음, 크고 작음, 많고 적음, 좋고 나쁨, 그리고 잘함과 못함 등 모든 것을 이분법으로 구별하여 차별하는 것이다.

　우열을 가려내는 척도는 명확한가? 그 척도는 합리적이고 신뢰할 만한가? 경쟁하여 이기는 자만이 살아남는다는 믿음이 편견을 만들어 내는 것은 아닐까? 경쟁하여 이기는 사람만이 살아남는다는 것은 어떤 의미인가? 경쟁에서 지면 생존에 위협을 받는다는 생각 때문에 사람들은 목숨 걸고 무조건 이기려고 든다. 이기는 사람은 행복하고 열등하다는 평가를 받은 사람은 불행하다고 느낀다. 그래서 한국에는 행복을 느끼며 사는 사람이 많지 않다. 통계상으로도 한국인들, 특히 한국의 청소년들의 행복 지수는 매우 낮은 것으로 나타난다. 모두의 내면에 도사리고 있는 경쟁심 때문이다.

인권이 침해되는 현상과 그 현상 밑에 깊이 뿌리 내리고 있는 근본 원인을 찾아 볼 때 지나친 경쟁심이 차별의 원인이 되고 인권 침해로 연결되어 있다. 세계 인권선언문을 비롯한 유엔의 인권 관련 문서에는 '비차별'을 인권 증진을 위해 반드시 지켜야 하는 가장 주요한 원칙(principle) 중 하나로 명시한다. 차별로 인한 인권 침해는 예나 지금이나 세계 도처에서 일어나고 있다. 차별의 이유도 다양하다. 국적, 인종, 빈곤, 소수민족, 장애인, 성소수자, 학력, 외모 등을 예로 들 수 있다.

이러한 차별은 어디에 근거를 두고 일어나는 것일까? 차별의 뿌리 깊은 원인을 생각할 때 '편견'이라는 단어가 제일 먼저 떠오른다. 확실한 근거나 정보도 없이, 자기의 가치 기준이 부지불식간에 친구나 이웃을 함부로 판단하고 비난하는 잣대가 된다. 그리고 그 편견은 내면에 깊게 자리 잡고 변하지 않는 고정 관념이 되어 버린다. 어느 날 아침 놀라운 한 어린아이의 생각과 만났다. 이 아이와 관련한 글이 나 자신을 성찰하게 해 준다.

"어느 날, 일곱 살 난 흑인 친구 토비아스가 나에게 질문 했습니다. '아담과 하와는 백인인데, 흑인들은 어디서 왔나요?' 아담과 이브의 피부색이 무엇이었는지 모른다고 말하고는 왜 그들이 백인이라고 생각하는 지를 물어 보았습니다. 토비아스가 교회나 도서관에 있는 성경이야기 책들에서는 그들이 늘 백인이었다고 말했을 때, 가슴이 덜컥 내려앉았습니다. 그가 자신을 열등하게 생각하거나 심지어 자신은 하나님이 창조하시지 않았다고 생각할까봐 염려되었습니다."(생명의 삶)

조금만 배려하면, 우리는 다른 사람에 대한 편견이나 고정관념에서 벗어날 수 있다. 책을 쓰는 작가나 교사, 학자, 언론인 등 전문직에 종사하는 사람들이 다른 사람을 대할 때 역지사지의 마음으로 서로 존중하고 배려하는 마음을 가지면 차별(discrimination)이나 배제(exclusion)의 실수에서 조금씩 자유로울 수 있다. 얼마 전, 인권 감수성이 탁월한 한 작가의 작품을 읽었다. 윌리엄 폴 영의 '오두막(The Shack)'이란 소설이다. 폴 영은 그 작품에서 하나님과 예수, 성령에 대한 우리의 고정관념과 편견을 깬다. '오두막'에서 하나님은 유색인종이며 여성으로 분한다.

한국의 차별 문화는 여러 가지 뿌리 깊은 원인에서 비롯된다. 성 및 연령 차별, 신분과 직업 차별, 외모 차별, 인종 차별, 학습 능력 차별 등 한국 사회의 다양한 차별 형태가 한국인의 몸과 마음에 배어 무의식적인 행동으로 표출된다. 한국 사회는 단일민족임을 주장한다. 그러나 한국 사람들이 지닌 단일민족의 자부심이 인종 차별의 원인을 제공할 수 있다는 것은 미처 인식하지 못한다. 깊게 뿌리내린 유교사상의 영향으로 인해 성 차별, 연령 차별이 심각하다. 한국은 가부장적인 사회이다. 그래서 여성을 무시하고 아동에게 무례하다. 우리가 이러한 차별문화에서 벗어나 나와 다른 사람을 포용하고 이해하고 존중하는 문화로 변화될 수 있을까?

변화는 하루아침에 일어나지 않는다. 그렇다고 포기할 수 없다. 지금부터 시작해야 한다. 한국인, 미국인, 중국인 등을 서로 다른 국적으로 분류하기 전 우리 모두가 '인간'이며 지구촌에서 함께 살고 있는 가족임을 인식하는 것부터 시작하자. 우리 모두가 자신의 의지로 이 땅에 온 것이 아닌, 너 나 할 것 없이 소중한 인격체로 세상에 보내진 귀한 존재임을 먼저 알자. 모두 다르지만 모두 같은 뿌리를 가진 '인간'의 존재론적 가치를 인정하는 삶, 거기서부터 변화를 이끌어 가면 좋겠다.

상대를 배려하라 🌿

비가 온다. 허리에서 다리로 연결되는 뼈의 통증이 이틀째 계속되고 있어서 많이 고통스럽다. 나는 힘든 중에도 한국 보건복지부 인력개발원에서 오전에 2시간, 오후에 1시간 강의를 진행했다. 지난 3주간 법무연수원 프로젝트를 마무리 했고, 이어서 보건복지부 인력개발원 강의도 잘 마쳤다. 신체적인 고통은 심했지만 주어진 과제를 완수하고 마음의 짐을 벗으니 홀가분하다.

전철을 타고 아들이 입원하고 있는 병원으로 향했다. 병실에 들어서니 며느리는 수요예배 준비로 교회에 가고 아들은 조용히 책을 읽고 있었다. 아들과 나는 함께 있는 시간이 많지 않지만, 함께 있어도 늘 말이 없다. 내가 낳은 아들이고 40년 가까이 함께 살았는데 나는 아직도 이 아들을 잘 알지 못하는 것 같다. 드문드문 궁금한 일들을 묻고 조용히 앉았다 가려고 일어서니 아들이 "기도 해주고 가세요"라고 한다. 그래서 우리 모자는 기도로 우리의 마음을 하나님께 고백했다. 우리의 사정을 간절히 아뢰고 진정으로 감사의 기도를 드렸다. 나는 이 아들을 이미 오래 전에 온전히 하나님 앞에 내려놓았다.

이렇게 살아도 행복해

하나님께서 이 아들을 새롭게 하여 이제 주님이 쓰시는 도구가 되었다고 나는 믿는다. 그래서 이 아들은 내가 사랑하고 존중하고 섬기는 영혼이 된 것이다! 죽을 것 같았던 생명을 주님이 직접 살리셨고, 어두움 속에서 건져내어 기이한 빛 가운데로 인도해 주셨다. 그래서 여호와 하나님의 아름다운 덕을 선전하는 증인으로 삼아 주심이 하나님의 계획하심이라고 나는 믿고 있다.

기도를 마치고 아들은 병원 1층 로비까지 나를 배웅한다고 내려왔다. 내가 병원에 들어설 때는 아무리 다리가 아파도 돌아갈 때 절대로 택시를 타지 않으리라 생각했었다. 그러나 비가 오고 바람이 부는 곳으로 나서는 엄마의 모습을 아들이 보면 죄책감과 함께 너무나 마음이 아플 것 같아서 순간적으로 생각을 바꾸었다. "들어가라 감기 걸릴라." 그리고 병원 앞에 줄지어 서 있는 빈 택시들을 가리키며 "택시 타고 갈께"라고 말했다. 아들은 금방 밝은 표정이 되면서 "그러세요"라고 한다. 택시에 앉아 창문을 열고 손을 흔들었다. 이제 40이 멀지 않은 아들이 어린아이처럼 웃으면서 손을 흔든다. 가슴이 먹먹하다. 눈에서 눈물이 주르르 흘러내린다.

"주님, 이 아들을 오랫동안 기다려 주셔서 고맙습니다. 이 아들이 주님의 마음에 꼭 드는 일꾼이 되도록 무릎 꿇고 기도하며 살겠습니다!"(2009년 4월 5일의 일기)

사랑하되 집착하지 말라 🍃

'디태치먼트(detachment)'라는 특이한 제목의 영화를 보았다. 학생들이 드세서 교사들이 견뎌 내지 못하는 학교로 평판이 난 미국 뉴욕 빈민가 한 학교의 교사와 학생들에 대한 영화다. 세상 사람들이 흔히 구제불능이라고 낙인찍은 청소년들과 교사들의 사는 모습을 그리고 있다. 의사소통이 불가능해 보이는 학생들과 교사들의 상호작용이 궁금하여 영화가 개봉되기를 기다렸다.

'디태치먼트'는 '어태치먼트(attachment)'와 반대되는 의미를 지닌 단어이다. '어태치먼트'가 애착을 의미한다면 '디태치먼트'는 관계에서 거리를 두고 마음의 벽을 만들어 깊이 있는 인간관계를 거부한다는 의미를 담고 있다. 이 영화에서 어린 시절 어머니의 자살을 목격한 트라우마(trauma)를 가진 임시 교사 헨리는 매우 유능하고 역량 있는 선생이다. 헨리는 눈에 보이지 않는 타인의 아픔을 볼 줄 아는 능력을 지녔다. 험상궂은 청소년들의 인상과 섬뜩할 정도의 폭력성을 지닌 청소년들의 행동 이면에 그들이 숨기고 있는, 아니 그들 안에 숨어 있거나 억제되어 있는 고통과 아픔, 갈등을 볼 줄 아는 따뜻한 마음을 가지고 있다. 그는 세상이 '문제 청소년' 혹은 '비행 청소년'으로 낙인찍은 학생들을 보듬어 안는 사랑의 능력을 발휘한다.

영화의 주인공인 헨리 교사는 '교육은 변화가 목적'이라는 그의 철저한 신념과 철학적 이념을 학교 현장에서 실천해 낸다. 그러자 불가능하게만 보이던 청소년들의 마음, 생각, 태도가 변화된다. 정교사가 자리를 비우는 짧은 기간 동안 임시 교사직을 수행하던 헨리는 계약 기간이 끝나고 정교사가 돌아옴과 동시에 학교를 떠난다. 학생들과 마지막 인사를 나누는 자리에서, 위협적인 분위기를 만들며 이유 없이 교사를 무시하고 폭력적인 언어를 서슴없이 퍼붓던 학생들로부터 "당신이 그리울 거예요. 당신은 친절해요. 당신은 신사예요"라는 따뜻한 말이 흘러나온다. 헨리는 길지 않은 시간에 이루어진 소통을 통해 학생들의 마음을 움직여 변화를 이끌어 낸 것이다!

헨리에게 호감을 가진 한 여자 교사가 묻는다. "왜 임시 교사로 전전하나요? 왜 정교사로 일하며 안정된 삶을 추구하지 않느냐고요?" 헨리는 그 이유를 설명하지 않은 채 떠난다. 헨리는 최선을 다해 위험에 처한 10대 청소년들을 지켜주고 보호하고 올바른 길로 이끌기 위해 노력하지만, 정작 자신의 내면 깊이 뿌리 내린 쓴 뿌리를 치유하거나 제거하지 못함으로써 애착 관계를 갈구하며 다가오는 어린 영혼들과 동료들과의 지속적인 관계를 거부한다.

영화 '디태치먼트'는 단순히 교권이 무너져 내리고 있는 학교의 모습을 현장감 있게 고발하거나, 교사로서의 마음가짐이 어떠해야 하는지를 가르치는 수준을 넘어선다. 이 영화는 인간의 고독과 고뇌를 담은 영화다. 인간은 누구나에게나 상처가 있다. 누구나 아픔과 고통, 문제를 지니고 산다. 이 영화는 상처받은 사람이 다른 사람의 상처와 아픔에 어떻게 다가가는지, 어떻게 다가갈 수 있을지, 어떻게 서로 애착 관계를 형성하며 함께 사랑으로 묶여 살아갈 수 있을지를 생각하게 한다.

인간은 약하다. 그리고 외롭다. 인간은 외로움을 고독으로 승화시켜 고귀한 영혼으로 살아갈 수 있는 존재다. 그러나 누군가에게 의존하고 무엇인가에 계속 집착하게 되면 약하고 이기적인 인간으로 타락해 버릴 수 있다는 것이 이 영화가 담고 있는 메시지이다.

헨리 교사는 그의 약함을 스스로 인정한다. 그는 외로웠지만 남 탓 하지 않고, 어디에 의존하지 않고, 힘든 내색도 하지 않는다. 그는 하루하루 책임 있는 결단과 선택을 하면서 살아간다. 어디에 소속되고 누군가에게 묶이기를 원치 않기에 늘 떠날 준비를 한다. 그는 오늘도 정교사가 잠시 비운 자리를 채워 주면서 다양한 학생들을 만나 각자의 개별성을 존중하며 그들의 눈높이에 맞는 최상의 교육을 실천하며 살아가고 있을 것이다. 그의 교육 철학이자 가르침의 목적인 '변화'를 지속적으로 추구하면서 말이다.

나 중심에서 벗어나라

2013년 12월 31일, 교회에서 송구영신 예배가 있었다. 예배가 끝날 무렵 한 사람씩 앞으로 나가 지난 한 해를 돌아보며 부족했던 점을 고백하고 새해의 새로운 삶을 다짐하고 나누는 시간을 가졌다. 워낙 작은 공동체여서 그러한 순서가 가능했다. 한 자매가 말했다. "지난 한 해를 돌아볼 때 열심히 기도하며 직장에서 충실하게 일했습니다. 그런데 오늘 밤 한 해의 삶을 성찰하면서 나의 모든 기도와 일의 중심에 '내'가 크게 자리하고 있었다는 걸 깨달았어요. 모든 수고와 애씀이 '나 자신'만을 위한 것이었음을 뉘우칩니다. 새해에는 좀 더 이웃과 함께하는 삶으로 변화되면 좋겠습니다." 이 젊은 자매의 고백을 들으면서 그것이 다름 아닌 바로 나의 모습임을 깨닫는다. 무엇을 해도 '나' 중심이고 '우리' 중심인 나의 이기적 모습을 보았다.

나는 50년 이상을 섬기던 '나의 교회'를 떠나서 작은 개척 교회를 섬기게 되었다. 어느 날 한 행사에서 전에 섬기던 교회 성도 한 분을 만났다. 그는 나에게 다가와 물었다. "언제 '우리 교회'로 다시 오실 거예요?" 나는 그 질문에 대답하지 않았다. '그게 어떻게 당신 교회예요?'라는 마음 속 말이 입 밖으로 튀어나올 뻔 했다. 일곱 살 되던 해 전쟁으로 인해 북한에서 남한으로 내려와 부산에서 살다가, 서울로 이사 온 것이 초등학교 5학년 때였다. 그때부터 우리 온 가족이 다닌 교회가 그 교회이다. 그 교회는 같은 고향에서 온 어른들이 세운 교회다. 나의 부모님, 삼촌, 이모들이 교회 중직을 맡았고, 나의 남편도 장로로 시무한 교회다. 내가 교회 학교를 졸업하고, 교사와 성가대원, 여전도회의 지도자로 활동한 교회다. 50여 년간 내 집처럼 드나들던 곳이기에 '내 교회' '우리 교회'가 입에 붙어 있었던 그 교회였다. 그런데 갑자기 그 교회가 자기 교회란다!

한신 교회 새벽 예배에서 목사님의 말씀을 듣던 중, 나는 방망이로 뒤통수를 한 대 얻어맞은 기분이 들었다. 그것은 새로운 깨달음이었다. 사도 바울은 고린도전서 1장 3절에서 고린도 교회를 일컬어 '고린도에 있는 하나님의 교회'라고 불렀다! 난 왜 그동안 이 구절을 읽지 못했을까? 이 세상의 모든 교회는 그 누구의 교회도 아닌 '하나님의 교회'라는 것을 왜 알지 못했을까?

인간은 어째서 무엇이든 '자기의 것'으로 삼으려 하는가? 이 세상에 '내 것'이란 아무 것도 없는데 말이다. 이기심의 중심에 자리를 잡고 있는 것, 이기심의 근원지에 굳게 자리하고 있는 것, 그것이 바로 '소유욕에 기반을 둔 탐욕'이란 걸 깨닫고 다시 한 번 놀랐다.

나는 매일 새벽마다 집 근처에 있는 한신 교회에서 새벽 예배를 드

이렇게 살아도 행복해

린다. '내 교회'가 아닌 '남의 교회'에서 예배드린다는 미안한 마음으로, 늘 떳떳하지 못한 자세로 구석 자리를 찾아 앉곤 했다. 목사님의 명쾌한 고린도전서 강해를 통한 깨달음은 오랜 만에 나에게 자유함을 주었다. 이제부터 '나의 교회, 너의 교회'가 아닌 '하나님의 교회'에서 하나님의 자녀로 떳떳하고 당당하게 전능자의 보좌 앞으로 나아가 예배드릴 수 있게 되어 기쁘다.

진리를 찾아라 🍃

오래 전 초등학교 다닐 때, 소풍가면 빠짐없이 즐기던 놀이가 있다. 보물찾기! 아이들이 장기 자랑에 온 정신이 빠져 있을 때, 선생님들은 번호가 적힌 하얀 종이를 나뭇가지 사이에 숨기고, 돌 틈에 감추고, 들꽃들 사이에 밀어 넣었다. 아이들은 번호가 적힌 종이를 찾으면 정말 기뻐했다. 번호가 적힌 하얀 종이를 찾으면 당시에는 너무나 소중했던 연필 한 자루, 지우개 하나, 책받침 등과 같은 아주 작은 보물과 바꾸어 주었다. 그 경험은 지금도 여전히 신나고 즐거운 추억으로 남아 있다.

나는 요즘 특별한 보물찾기에 눈을 뜨게 되었다. 성경을 읽으면서 수많은 값진 보물이 숨겨져 있다는 걸 알아냈다. 보물은 찾고자 하는 의지를 가지고 열심히 찾는 사람에게 주어진다. 신약성경은 많은 사람들이 자주 읽는 책이다. 특히 마태, 마가, 누가, 요한복음서는 익숙한 말씀이다. 그래서 나는 성경의 다른 책은 몰라도 4복음서는 다 알고 있다고 생각했다. 그러나 실상은 전혀 그렇지 않았다.

신약성경 두 번째에 나오는 마가복음은 4복음서 중 제일 먼저 쓰

　　　　　　　　　　　　　이렇게 살아도 행복해

인 책이다. 마가복음 저술의 목적은 예수를 소개하는 것이다. 예수는 누구인가? 예수는 과연 메시아인가? 유대 땅 베들레헴이라는 작은 마을에서 태어나 나사렛에서 목수 생활을 하던 한 청년이 바로 유대 민족이 그토록 오랫동안 목마르게 기다려 온 메시아라고 말하면 누가 믿을까? 그래서 예수의 출현은 누군가에 의해 진술하게 소개되고 예고되어야 했다. 이 땅에 세례 요한을 미리 보낸 하나님의 용의주도한 계획의 실현이 마가복음에서 시작된다.

구약시대에 지속적으로 계시되고 예언되었던 비밀을 드러내기 위해 하나님은 구약의 마지막 책인 말라기가 쓰인 후 450년간의 긴 침묵을 깨고, 광야의 외치는 소리로 메시아의 등장을 예고하는 마지막 선지자로 세례 요한을 등장시킨다. 마가복음은 예수 탄생 이야기가 아니라, "너희는 나를 누구라 하느냐?"라는 예수의 질문에 답한 베드로의 답변, 즉 그의 신앙고백에서 시작된다. 그래서 마가복음 1장 1절은 "하나님의 아들 예수 그리스도의 복음의 시작"이라고 선포한다. 그리고 바로 요한의 회개 선포와 세례로 이어진다. 세례는 '죄 씻음'의 의미인데, 왜 아무 죄도 없는 예수가 요한의 세례를 받았을까?

이 질문에 대해서도 나는 명쾌한 답을 몰랐었다. 이 또한 나에게는 숨겨진 보물이었다. 예수는 죄도 허물도 없지만 인간의 죄를 대신하기 위해 인간으로 오셨다. 인간의 죄가 그에게 옮겨졌기 때문에 성육신을 한 '인간 예수'로서 세례를 받은 것이다. 그렇게 함으로써 세례 요한과 예수는 합력하여 하나님의 뜻을 함께 이루어 간다. '예수님을 향한 하나님의 뜻'은 무엇인가? 그것은 '인간의 죄를 대신 지고 십자가에 죽음으로 인간의 죄를 사하고 구원에 이르도록 하는 것'이다. 성경을 읽어도 그 말씀 안에 숨겨진 참 뜻, 진리를 제대로 깨닫지 못하고 많은 세월을 보냈다는 아쉬움이 있으나, 배움에 특별한 때가 없다고 믿기에 이제라도 비밀을 하나씩 깨우치니 기쁘고 신이 난다.

이제 비로소 나는 뛰는 가슴을 안고 값진 보물을 찾기 시작한다. 이것은 작은 학용품을 선물로 받기 위한 초등학교 소풍 놀이에서의 보물찾기가 아니다. 지금 내가 즐기는 보물찾기는 나의 영원한 집에 들어갈 때 내가 받을 상급과 관련이 있는 보물찾기다. 그래서 우리는 이 보물찾기에 목숨을 걸어야 한다. 오늘도 하나님은 우리에게 권면하신다.

"네가 나를 부르면 내가 너에게 응답하겠고 네가 모르는 크고 놀라운 비밀을 너에게 알려 주겠다."(예레미야 33장 3절)

이렇게 살아도 행복해

늘 깨어 있어라

'기도란 나의 뜻을 관철시키기 위해 드리는 간구가 아니라 하나님의 뜻을 듣고 그 뜻을 관철시키는 능력을 하나님께 구하는 것'이라고 한다. 정말 그렇다! 우리가 기도하지 못하고 기도의 능력을 얻지 못하는 것은 기도가 무언지 알지 못하고 잘못 구하기 때문이다.

성경에는 예수의 수제자로 꼽히는 시몬 베드로가 범한 실수에 대한 기록이 있다. 그 실수는 기도와 관련이 있다. 첫째로 베드로는 자기의 믿음에 자만했던 것 같다. 성경에는 "악한 사탄이 베드로의 영을 밀 까부르듯 하려고 한다"고 기록되어 있다. 즉 사탄이 베드로를 무너뜨리려 벼르고 있다는 뜻이다. 베드로는 자신의 믿음에 자신감을 가졌던 것 같다. 그러나 그는 자신의 믿음을 지키는 일에 실패했다. 예수가 잡히던 밤에 베드로는 예수를 대적하는 사람들과 함께 있었다. 그리고 베드로는 그 절박한 상황에서 기도하지 못했고 시험에 든다. 사탄이 그의 영을 '밀 까부르듯' 하도록 베드로가 방심했다는 것이다.

예수가 하늘의 큰 사명을 감당하기 위해 땀방울이 핏방울처럼 되기까지 엎드려 기도할 때 그의 수제자인 시몬 베드로와 다른 두 제자는 깨어서 기도하지 못했다. 피곤하여 쏟아지는 잠을 이기지 못해 기도하지 못했다.

겟세마네 동산의 기도의 절정은 "아버지, 만일 아버지의 뜻이면 내게서 이 잔을 거두어 주십시오. 그러나 내 뜻대로 되게 하지 마시고, 아버지의 뜻대로 되게 하여 주십시오"라는 간구에서 적나라하게 나타난다. 예수는 이 처절한 기도를 세 번 반복하여 드린다. 이 간구는 하늘의 도움을 끌어낸다.

"그 때에 천사가 하늘로부터 그에게 나타나서, 힘을 북돋우어 드렸다."(누가복음 22장 42-43절)

예수는 자신의 뜻을 관철하기 위한 간구가 아니라, 하나님의 뜻이 관철될 수 있도록 능력을 구하는 기도를 드렸다. 그 때 기도의 응답이 왔다. 결국 하늘의 능력으로 그가 감당해야 할 놀라운 사명을 이룰 수 있도록 기도 응답을 받는다. 예수는 기도를 마치고 제자들이 잠들어 있는 것을 보고 말한다.

"왜들 자고 있느냐? 시험에 빠지지 않도록 일어나서 기도하여라." 엄청난 하늘의 뜻을 이루기 위해 땀방울이 핏방울이 되는 처절한 상황에서도 여전히 무지하고 교만한 우리를 향해 따뜻한 배려와 사랑이 담긴 당부의 말을 남기신다. "왜들 자고 있느냐? 시험에 빠지지 않도록 일어나서 기도하여라."

이렇게 살아도 행복해

우리 모두가 오늘 예수의 제자로서 이 귀한 당부의 말을 들을 수 있어야 한다. 우리는 이 말씀을 다른 어떤 누구도 아닌 바로 나에게 주시는 경고로 받아야 한다. 악한 영들이 우리의 연약한 믿음을 시험하려고 시도 때도 없이 덤비고, 우리 주변을 끊임없이 서성거리며 기회를 엿본다는 사실을 잊지 말자. 예수는 우리더러 자만하거나 방심하지 말라 하신다.

인간은 교만하고 우둔하며 안일하고 무능력하게 살고 있다. 그래서 오늘날에도 이런 영적인 경고가 우리 각자에게 들려져야 한다. 우리가 특별히 어떤 죄를 범해서도, 악을 행해서도 아니다. 다만 우리가 약하고 한계를 지닌 유한한 존재에 불과하기에 그렇다.

창조주인 하나님의 세상 통치권을 인정하고, 악한 영들의 속성을 파악하며 비둘기처럼 온유하고 뱀처럼 지혜롭게 살아야 한다. 무엇보다 예수처럼 우리는 세상을 이겨 나가야 한다. 오늘 우리 귀에 들린 이 경고가 축복인줄 알고 겸손하게 받아 지금 당장 깨어나자. 그리고 쉬지 말고 기도하자. 예수는 우리에게 기도를 쉬는 죄를 범하지 말라고 하신다!

원칙을 지키라 🍂

"내가 진정으로 너희에게 말한다. 누구든지 이 산더러 '번쩍 들려서 바다에 빠져라' 말하고 마음에 의심하지 않고 말한 대로 될 것을 믿으면 그대로 이루어질 것이다."(마가복음 11장 23절)

어떻게 그런 일이 있을 수 있단 말인가? 어떻게 내 앞에 떡 버티고 서 있는 큰 산을 향하여 "번쩍 들려서 바다에 빠져라"며 주의 이름으로 명령하면 산이 바다 한 가운데로 날아가 바다 가운데 내려앉게 된단 말인가? 이 말씀은 신앙인들의 믿음과 기도 응답에 대한 이야기다. 나에게 늘 의문이 생기고 도전이 되기도 한 성서의 구절이다. "믿음은 바라는 것들의 확신이요, 보이지 않는 것들의 증거"(히브리서 11장 1절)라고 한다. 나의 무지하고 답답한 마음이 어느 날 한신 교회 새벽 예배에서 목사님의 강해로 풀어지기 시작했다. 목사님은 여기서 말하는 '산'을 우리 마음을 무겁게 짓누르고 있는 '산처럼 큰 문제'로 이해하자고 한다. 어쩌면 산보다 더 크고 심각한 문제가 우리들 안에 산처럼 자리 잡고 있을 수 있다는 것이다. 그러나 산의 크기와 높이에 상관없이 '그 산 같은 문제를 하나님께로 가져다 그분 앞에 내려놓는 것이 바로 기도라고 한다. 기도는 반드시 응답되기에 기도할 때 이미 응답받은 줄 믿으라는 설명이다. 그러나 우리가 드리는 기도의 응답을 받는 데에는 몇 가지 지켜야 하는 원칙이 있다고 한다. 목사님은 다음과 같은 원칙들을 지키면서 기도하자고 권면한다.

첫째, 아무리 크고 엄청난 문제를 가지고 있다 하더라도 그 문제를 들고 하나님께로 가서 그분 앞에 내려놓는 행위가 선행되어야 한다. 그것이 기도의 시작이기 때문이다.

둘째, 일단 문제를 내려놓고 기도를 드린 후, 온전히 맡기고 따르면 된다. 어떤 상황에 놓이든지 믿음으로 인내하며 묵묵히 기다리는 것이다.

셋째, 기도할 때 이말 저말 두서없이 길게 늘어놓지 말아야 한다. 질서 있고 단순하고 세밀하게 기도한다.

넷째, 믿음으로 기도해야 한다. 간절히 드린 기도가 이미 이루어졌다고 믿는 확신으로 기도하는 자세가 중요하다.

다섯째, 기도할 때 마음속에 다른 사람을 원망하거나, 미워하거나 억울한 생각 등 불편한 마음을 지닌 채 기도하지 말아야 한다.

다섯 가지 모두 중요하고 반드시 지켜야 하는 원칙이다. 그럼에도 불구하고 나에게는 첫 번째 원칙과 다섯 번째 원칙이 절대로 간과해서는 안 되는 기도의 백미라고 생각한다. 문제를 들고 하나님께 가는 행위가 우선 되어야 하는데, 사람은 문제가 생기면 그 문제에 몰입하게 되고 그 문제만을 바라보느라 하나님을 보지 못하는 경우가 너무 많기 때문이다. 일단 크던 작던 그 문제를 하나님께로 가져와 그분 앞에 내려놓는 것이 기도다.

다섯 번째 원칙은 우리가 쉽게 간과하는 문제다. 이 원칙을 간과하면 우리가 아무리 정성을 다해 기도해도 응답받기 어렵다. 실제로 우리는 기도할 때, 누군가를 미워하는 마음이나 불편한 마음이 있으면 기도가 나오지 않는 것을 경험하고 있다. 여기에는 하나님께 예물을 드릴 때와 같은 원칙이 적용된다.

"그러나 나는 너희에게 말한다. 자기형제나 자매에게 성내는 사람은 누구나 심판을 받는다. 자기 형제나 자매에게 얼간이라고 말하는 사람은 누구나 공의회에 불려갈 것이요, 또 바보라고 말하는 사람은 지옥 불 속에 던져질 것이다. 그러므로 네가 제단에 제물을 드리려고 하다가 네 형제나 자매가 네게 어떤 원한을 품고 있다는 생각이 나거든, 너는 그 제물을 제단 앞에 놓아두고 먼저 가서 네 형제나 자매와 화해하여라. 그런 다음에 돌아와서 제물을 드려라."(마태복음 5장 22-24절)

성경은 하나님께 기도를 드리는 일이나 예물을 드리는 일 등 무슨 일을 하든 먼저 마음을 거룩하게 구별해야 한다고 가르친다. 자신의 마음을 먼저 하나님께 겸손히 내려놓고, 힘들게 한 사람이 있으면 먼저 용서한 후에 기도해야 한다. 그래야 하나님께서도 우리를 용서하시고 기도에 응답을 주신다.

아무리 아프고 힘든 문제라 해도 그것을 하나님 앞에 가져다가 내려놓는 것으로써 우리의 기도가 시작된다. 그러나 기도할 때 우리 마음에는 분노, 미움, 불평, 원망이 없어야 한다. 먼저 불편한 관계를 풀고 하나님께 엎드려야 한다. 우리가 기도할 수 있으면 모든 것을 할 수 있다는 것을 잊지 말자!

　우리와 다른 사람을 조금만 배려하면, 편견이나 고정관념에서 벗어날 수 있다. 책을 쓰는 작가나 교사, 학자, 언론인 등 전문직에 종사하는 사람들이 다른 사람을 대할 때 역지사지의 마음으로 서로 존중하고 배려하는 마음을 가지면 차별(discrimination)이나 배제(exclusion)의 실수에서 조금씩 자유로울 수 있다. 변화는 하루아침에 일어나지 않는다. 그렇다고 포기할 수 없다. 지금부터 시작해야 한다.

제
5
장

초월적 안목

죽음이 선물임을 알라 🍃

　나의 부끄러운 고백이 있다. 나는 평생 교회를 다니며 신앙생활을 했는데, 나에겐 이 세상 너머에 다른 세상이 있음에 대한 확신이 없었다. 교회학교에 다니던 어린 시절에 천국을 믿었다. 예수 믿으면 천국 간다는 그 믿음 때문에 어려서부터 많은 친구들을 교회로 인도했다. 그래서 교회 학교에서 상도 많이 받았다. 나이가 들어가면서 그 믿음이 약해졌다. 이 세상에서의 삶이 끝이 아니란 것은 믿었지만, 죽은 후의 영원한 세계에 대해선 확신하지 못했다.

　이러한 나에게 헨리 나우웬의 영성 깊은 책들이 영감을 줬다. 죽음에 관한 그의 책 제목이 '죽음, 가장 큰 선물'이다. 나우웬은 '죽음'은 하나님이 인간에게 내린 많은 선물들 중 가장 큰 선물이라고 한다. 그는 어머니 뱃속에 잉태된 쌍둥이 남매가 출산이 가까워지면서 두려움과 기대를 가지고 나누는 대화를 소개한다. 그 대화를 통해 나로 하여금 죽음 후의 삶에 대한 소망을 보게 한다.

　어머니의 자궁 안에서 오빠는 "어둡긴 하지만 지금 있는 곳이 따뜻하고 안전하다"며 자기는 지금 여기가 좋다고 말한다. 그리고 "우리가

　　　　　　　　　　　　　　이렇게 살아도 행복해

있는 여기가 끝이지 그 이상 달리 갈 곳은 없다"고 우긴다. 그러나 여동생은 "여기에 부족한 건 없지만 조금 어둡고 답답해! 여기를 나가면 뭔가 넓고 환한, 더 좋은 곳이 우리를 기다리고 있을 거야!"라며 희망을 말한다. 그러나 오빠는 여전히 여기가 끝이고 그 이상은 없다고 고집 부리며 화를 낸다.

지금까지 들어온 죽음 후의 세상에 대한 이야기 중 가장 단순하고 순수하며 공감이 가는 이야기다. 나는 어릴 때부터 열심히 교회에 다니면서 많은 설교를 들었다. 하지만 설교 말씀의 근거인 성경을 체계적이고도 지속적으로 배워 본 적이 없다. 성경 통독의 필요성을 느껴 수십 번 읽었지만, 성경은 그냥 열심히 읽는다고 깨달아지는 책이 아니다. 늦었지만 나는 성경 말씀에 집중하게 되었다. 영적 갈망은 인간이 고난을 체험한 후에 비로소 생기는 것 같다. 말씀 외에 다른 것으로 위로 받을 것이 없음을 체득하면서 나의 영적 갈망이 시작되었다. 나는 고린도후서의 말씀을 통해 죽음 후의 내세에 대한 지혜를 배우게 되었다.

"땅에 있는 우리의 장막집이 무너지면 하나님께서 지으신 집 곧 사람의 손으로 지은 것이 아니라 하늘에 있는 영원한 집이 우리에게 있는 줄 압니다. 우리는 하늘로부터 오는 우리의 집을 덧입기를 갈망하면서 이 장막집에서 탄식하고 있습니다. 우리가 이 장막을 벗을지라도 벗은 몸이 되지 않을 것입니다. 우리는 이 장막에서 살면서 무거운 짐에 눌려서 탄식하고 있습니다. 우리는 이 장막을 벗어버리기를 바라는 것이 아니라 그 위에 덧입기를 바랍니다. 그리하여 죽을 것이 생명에게 삼켜지게 하려는 것입니다."(고린도후서 5장 1-4절)

죽음과 영생에 대한 답이 이 구절 속에 담겨 있다. 성경은 어렵고 난해하다고 한다. 성경을 읽을 때 집중하지 못하고 산만하여 글자만 읽어 내려가면 이해할 수 없다. 아무리 성경을 통째로 여러 번 읽어도 그 안의 비밀이 보이지 않으면 허사다. 그것은 시간 낭비고 참으로 안타까운 일이다. 내가 바로 그렇게 많은 세월을 흘려보냈다. 이제 비로소 조금씩 성경 보는 눈이 열리는 것 같다. 이제는 말씀 안에 감춰진 수많은 보물을 캐내어 부요한 삶을 누리고 싶다. 십자가에서 죽은 예수로 인해 그리고 사흘 만에 다시 사신 예수로 인해 죽음에서 생명으로 영원에 잇대어 살아가는 삶을 소망한다.

이렇게 살아도 행복해

연단자의 불을 두려워 말라

"그는 칠 배나 뜨거운 풀무 곁에 앉아 귀한 광석을 바라본다. 손에 쥔 광석이 이 시험을 견딜 것을 알기에 가까이 몸을 굽혀 자세히 살피며 점점 열을 가한다. 값으로 따질 수 없는 보석을 박아, 왕이 쓸 관을 만들기 위해 그는 최상의 금을 원한다. 그리하여 그는 금인 우리를 불길 속에 놓는다. 우리가 신음하며 '안 돼요!'라고 외칠지라도, 우리가 볼 수 없는 불순물이 녹아서 사라지는 광경을 지켜보신다. 금은 점점 빛나고, 금이 더 빛날수록 우리 눈은 눈물로 침침해져서, 보이는 것은 주인의 손이 아닌 불꽃뿐이다. 우리는 불안한 두려움으로 질문을 던진다.

그러나 형언할 수 없는 사랑의 눈으로 몸을 굽혀 불 속을 보시는 저 위 형상이 금을 비출 때, 금은 더욱 찬란하게 반짝인다. 잠깐의 고통을 우리에게 주실 때, 그 사랑의 마음이 즐거울 수 있을까? 아니, 아니다! 그러나 현재의 십자가를 통해 그는 영원한 유익의 축복을 바라본다. 그리하여 강하고 확실한 사랑으로 그는 지켜보며 기다린다. 그의 금이 오직 단련에 필요한 때 외에는 일점의 고통도 겪지 않도

록."(연단자의 불)

선교단체인 예수전도단의 근간을 마련한 조이 도우슨의 책인 '삶을 변화시키는 하나님의 불'에 수록된 작자 미상의 '연단자의 불'의 내용이다. 나의 어머니는 내가 고난 중에 있을 때 부드럽게 위로해 주셨다.

"하나님은 정말 너를 사랑하시는구나. 그분이 너를 정금같이 만드시려고 너를 지금 풀무에 넣으시고, 연단하시는 거란다. 조금만 더 참으렴. 머잖아 너는 정금같이 되어 나올 거란다."

'연단자의 불'을 읽으면서 나는 하늘나라에 계신 어머니의 음성을 다시 듣는 것 같았다. 크고 작은 고난을 겪으며 시험을 통과하는 많은 친구들에게 위로의 글이 되리라 생각되어 함께 힘과 용기를 얻고자 작자 미상의 '연단자의 불'을 옮겨왔다.

"내가 가는 길을 그가 아시나니 그가 나를 단련하신 후에는 내가 순금같이 되어 나오리라"(욥기 23장 10절)

때와 시기는 하나님의 권한임을 알라

세상에 태어난 지 석 달 만에 갈대 상자에 담겨 나일강가의 갈대밭 사이에 던져졌던 아기가 있었다. 이 아기는 바로의 공주에게 발견되었고, '물에서 건진 아기'라고 하여 이름을 모세라 부르게 되었다. 모세는 이집트 왕궁에서 왕자의 신분으로 양육되었고 성장했다.

모세는 40세가 되었을 때 자신의 정체성을 찾아 나선다. 어느 날 자기 동족인 한 히브리인이 애굽인에게 해를 당하는 것을 보고 정의로운 마음으로 애굽 사람을 죽이고 동족을 구한다. 다음 날에는 동족 간에 서로 싸우는 모습을 본다. 이에 동족애를 느끼며 모세는 그들을 말리며 훈계한다. 그러나 싸우던 히브리인들은 모세에게 "누가 당신을 우리 민족의 재판장으로 세운 적이 있느냐"며 무시할 뿐 아니라, 전날 모세가 애굽인을 살해한 일을 비난한다. 자신의 살인 행위가 드러났음을 알고 모세는 미디안 광야로 도망한다.

미디안 광야에서 모세는 또 다른 40년 동안 양을 치며 조용하게 살아간다. 애굽의 왕자로 살면서 40년 동안 배우고 익힌 지식과 무술은 양치기로 살아야 하는 광야 생활에서 아무런 쓸모가 없었다. 황

량한 광야에서 모세는 자연과 더불어 단순한 삶, 침묵의 삶에 익숙해 간다.

어느 날, 양을 치던 모세는 떨기나무에 불이 붙는 것을 보고 다가 간다. 하찮은 떨기나무, 누구도 주목하지 않는 한 그루의 떨기나무, 그 나무에 불이 붙고, 그 불은 꺼지지 않았다. 모세는 그곳에서 하나님의 임재를 느끼고 음성을 듣는다. "이곳은 거룩한 곳이니 신을 벗으라." 하나님의 임재와 함께 모세는 그 자리에서 소명을 받아 역사적인 '출애굽'의 사명을 실천하는 길로 나서게 된다.

모세 자신의 생각과 능력으로 뭔가 해 보려던 자신의 동족 구출 사역이, 그때로부터 40년이 지난 어느 날 다시 시작된다.

오직 하나님이 정하신 때에 그분의 계획에 따라 사역이 시작 된다. 80세에 이르러 비로소 모세는 하나님이 계획하고 연출하는 드라마의 주인공으로 쓰임을 받기 시작한다.

하나님의 명령을 따라 모세는 애굽에서 노예로 부역하던 이스라엘 민족을 이끌고 애굽을 탈출한다. 그러나 이스라엘 민족은 천신만고 끝에 홍해를 건너 광야에 들어서지만 하나님의 약속의 땅으로 바로 들어가지 못한다. 또 다른 40년의 광야 생활이 이들을 기다리고 있었다. 이스라엘 민족이 가나안 땅으로 들어가기까지 겪게 되는 수많은 환난과 고초, 위기를 모세는 탁월한 영적 지도력으로 극복해 간다.

모세는 왜 광야에서 40년간 묵묵히 양을 치며 침묵의 날들을 보냈

이렇게 살아도 행복해

을까? 모세와 함께 애굽을 탈출한 이스라엘 민족은 왜 가나안 땅으로 바로 진입하지 못하고 40년이라는 긴 세월을 광야에 머물며 훈련 기간을 거쳐야 했을까? 만일 광야의 훈련 없이 그대로 이스라엘 백성을 이끌고 가나안 땅으로 들어갔으면 이미 가나안 땅에서 뿌리내린 힘센 일곱 민족에게 완패하였을 것이라는 것이 신학자들이나 목회자들의 설명이다.

모세가 이끄는 이스라엘 민족은 430년 동안 애굽에 살면서 노예로 수모를 당하고, 박해와 억눌림을 받았던 공동체였다. 하나님께서 택한 백성이 오랫동안 하나님을 잊었고 거룩한 예배를 소홀히 하여서 '히브리 노예'로 전락했었다. 이제 새 땅으로 들어가기 위하여 이들에게 필요한 것은 강한 훈련이었다. 이들은 하나님이 누구신지 아는 일부터 다시 시작하고 하나님을 만나야 했다. 40년 광야 체험을 통해서 이들은 하나님의 존재를 알아가기 시작했다. 이들은 하나님이 머물러 계실(dwelling) 장막을 세우고 진정으로 예배드리는 민족으로, 거룩한 예배자로 거듭나게 된다.

광야 생활은 인간의 삶에서 누구에게나 반드시 경험해야 하는 과정이다. 이러한 과정을 통하여 하나님을 만나고 그와 함께 걸을 수 있다는 그 자체가 축복이다. 험난한 고난을 이기는 강한 훈련 과정을 통하여 비로소 놀라운 능력과 소망이 주어지기 때문이다.

무심(無心)을 배우라

'무심코'라는 제목의 이현주 목사님의 글 안에 담겨진 시가 참 아름답고 감동이다.

저 나뭇잎 하나를 무심코 바라보듯이
나의 인생을 무심코 바라볼 수 있을까?
저 나뭇잎 하나가 성실한 만큼
오늘 나의 인생도 성실할 수 있을까?
저 나뭇잎 하나가 미련 없이 지듯
그날 나의 인생도 미련 없이 떠날 수 있을까?
아아, 저 갈색 나뭇잎 하나 저 나뭇잎 하나
무심으로 나부끼듯이
나의 인생도 무심으로 나부낄 수 있을까?"

시인 이현주 목사님은 무심(無心)의 경지에서 살기를 간절한 소망했다. 그리고 그 소망은 자신의 노력이 아니라 오직 하나님의 은총으로만 이루어질 수 있음을 고백한다. 자기를 내세우지 않게 되길 소망하고 '자기의 것'을 따로 소유하지 않고 살길 기도한다고 한다. 그리고 이렇게 살아가는 것이 '무심(disinterest)'에 이르는 것이라고 설명한다.

캐나다의 상담자이자 영적 지도자인 에크하르트 톨레의 글을 인용하며 목사님은 무심을 다시 설명한다.

"그 어떤 덧없는 애착이나 슬픔이나 명예나 비방이나 악에도 움직여지지 않는 마음이야말로 진정으로 무심에 이른 것이다. 이는 미풍에 전혀 흔들리지 않는 태산과도 같다. 아무 것에도 영향 받지 않는 무심은 인간으로 하여금 하나님을 닮게 한다."(이현주, '나의 어머니 나의 교회여')

보이지 않는 것을 보는 안목을 키우라

구존 보글럼(Gutzon Borglum, 1867~1941)은 유명한 조각가로서 수많은 예술 작품을 남겼다. 그 중에서 가장 유명한 작품은 미국 사우스다코타주 러시모어산에 있는 국립 기념물일 것이다. 어느 날 보글럼의 가정부가 러시모어 산에 있는 역대 미국 대통령 네 명의 거대한 얼굴을 처음으로 보고는 이렇게 물었다. "보글럼씨, 저 큰 바윗돌 안에 링컨 대통령의 얼굴이 있는 것을 어떻게 아셨어요?"

보이지 않는 것을 보는 조각가 보글럼의 초월적 안목(hyperseeing)에 대한 짧은 글을 읽으며 성경에 나오는 한 이야기가 생각난다.

"주님께서 사무엘에게 말씀하셨다. 사울이 다시는 이스라엘을 다스리지 못하도록 내가 이미 그를 버렸는데 너는 언제까지 사울 때문에 괴로워할 것이냐? 너는 어서 뿔병에 기름을 채워 가지고 길을 떠나, 베들레헴 사람 이새에게로 가거라. 내가 이미 그의 아들 가운데서 왕이 될 사람을 한 명 골라 놓았다."(사무엘상 16장 1절)

이스라엘의 첫 번째 왕을 폐하고 새로운 왕을 세우라는 천명을 받

이렇게 살아도 행복해

은 사무엘은 '이새의 아들 중에서 한 왕을 보신' 하나님의 지시에 따라 베들레헴으로 가서 이새의 집을 찾는다. 이새에게는 여덟 명의 아들이 있었다. 키가 크고 용모가 뛰어난 맏아들 엘리압을 선두로 일곱째 아들까지 불려나와 사무엘 선지자에게 차례로 선보인다. 그러나 일곱 명의 아들 그 누구도 '택함을 받은 자'가 아니었다. 사무엘이 이새에게 물었다. "네 아들이 모두 다 여기 나왔느냐?" 이에 이새가 대답한다. "아직 막내가 남았는데 그는 양을 지키나이다."

들에서 양을 치는 막내 아들만 빼고 모든 아들을 다 불렀다고 한다. 하나님의 안목은 사무엘과 이새의 안목을 뛰어넘는다. 하나님은 들에서 홀로 양을 지키는 어린 다윗에게서 '한 왕을 보신' 것이다. 사람의 안목과는 다른 그야말로 초월적 안목(hyperseeing)이다. 하나님이 보신 것은 다윗의 키나 용모가 아닌, 그 마음의 중심이라고 했다.

아동인권에 기반을 둔 자녀 양육법을 강의하면서 자녀를 훌륭한 지도자로 키워 보려는 사려 깊은 부모들을 자주 만난다. 그런데 부모들은 자신들이 가지고 있는 잣대로 아이들 행동의 옳고 그름을 일일이 지적하고 평가한다. 아이가 실수를 하거나 부모의 기대에 미치지 못하는 행동을 하면 부모들은 즉각적으로 감정적인 대응을 한다. 그래서 미처 드러나지 않은 아이의 잠재된 능력이 발휘될 수 있는 기회를 잃게 만든다. 그것은 큰 실수를 범하는 것이다. 지금 당장 부모의 눈에는 미숙한 듯 보일지 모르지만, 아이들은 잠시도 쉬지 않고 진화

하는 능력(evolving capacity)을 지닌 놀라운 존재이다. 부모는 이 점을 인지하지 못하거나 인정하지 않는다. 아동은 매우 소중한 인격체이고 귀한 존재이다. 아이들은 있는 모습 그대로 인정받고 존중 받아야 한다. 부모들이 자녀들의 마음 중심에 자리하고 있는 '성숙을 향한 발돋움'을 볼 수 있는 초인적 안목을 가지고 인내하며 기다려 준다면 부모와 자녀 모두에게 행복한 길이 열릴 것이다.

"내가 그의 아들 중에서 한 왕을 보았느니라."(사무엘상 16장 1절)

이렇게 살아도 행복해

보다 나은 세상을 꿈꾸라

　나는 국제 NGO에서 근무하면서 대학에서 강의를 할 기회를 얻었다. 오랫동안 현장에서 일하며 얻은 경험을 졸업을 앞 둔 학생들과 나누어 달라는 것이 학교 측의 요청이었다. 그 요청에 따라 '아동인권에 기반을 둔 아동 복지', '사회 문제와 아동 복지', '아동 안전' 등의 과목을 강의하였다. 나는 머잖아 학교를 떠나 사회로 들어설 학생들에게 현장에서 터득한 경험이 도움 되기를 바라는 마음으로 강의를 준비해 학생들과 만났다. 그렇게 시작된 대학 강의가 여러 해 계속되었고 대학원 강의도 맡게 되었다. 또 몇 개의 다른 대학에서 강의할 수 있는 길도 열렸다. 나는 겸임교수 혹은 강사로 활동하면서 가르치는 사람이기보다는 학생들로부터 배운다는 마음으로 강의했다. 대학에서의 강의 경험은 참 유익하고 즐거운 추억으로 지금까지 기억되고 있다.

　학기가 마무리 될 때면, 교수들이 한자리에 모여 간담회를 했다. 직장에서 일하면서 틈을 내어 강의를 나가기에 간담회에 참여하기가 어려웠다. 어느 해인가 간담회가 주말에 집 근처에 있어서 인사 차 참석한 적이 있다. 그날 모임에서 교수들이 예기치 못한 질문을 했다. "선생님, 어떻게 아동인권 전문가가 되셨어요?"

국제 NGO에서 아동인권 사업을 개발하고 진행하는 일을 30여 년 하면서 늘 아동인권을 옹호하는 마음과 자세로 일했다. 그 일이 나에겐 일상이 되었고 당연하게 생각되었던 것 같다. 그래서 내가 아동인권 전문가라는 생각을 한 적이 없다. 더구나 '어떻게 아동인권 전문가가 되었는지?' 그 동기를 더듬어 생각해 본 적이 없다.

"글쎄요? 무슨 특별한 계기가 있어서 의도적으로 아동인권 전문가로 일하겠다는 생각을 한 적은 없어요. 그렇지만 아동인권이 나의 삶에 너무도 자연스럽게 자리 잡게 된 계기는 있는 것 같다며 나의 중·고등학교 시절의 경험을 들려주었다. "지금부터 50여 년 전 이야기네요. 초등학교에서 중학교로 진학할 때 치열한 입시 경쟁을 치르던 시절이었죠. 저는 한 여자중학교에 입학했어요. 고등학교 졸업까지 6년간 그 학교에 다녔는데 지금도 당시의 교장, 교사들, 그리고 선배들에게 사랑과 존중을 받으며 학교생활을 했다는 기억을 해요. 교훈이 '자유, 사랑, 평화'이고, 그것이 학교의 비전이었지요. 그 비전이 학교 공동체 안에서 실현되고 있다는 느낌을 받았어요. 예를 들면 겨울 방학이 시작되기 전, 날씨가 갑자기 추워지면 오전 수업만 하고 학생들을 집에 보내 주었어요. 특히 시험 때는 이틀 시험보고 하루 쉬게 해 주고……. 지금 생각해도 그 당시로는 아주 특별한 배려를 받으면서 공부했다는 생각이 들어요. 그래서 내가 대접받은 대로 다른 이들 특히 아동·청소년들을 존중하며 사는 것이 당연하다고 생각해요."

학교에서 학생들이 나를 '교수님'이라 부르는 것이 불편하다. 나는 '퍼실리테이터'라는 호칭을 좋아한다. 나는 학생들보다 더 많은 지식이 있어서 강단에 서는 것이 아니라 그들이 지니고 있는 인권 감수성을 드러내도록 퍼실리테이터로서 조력해 주고 돕는 역할을 하는 사람일 뿐이다. 그 일은 학생들이 스스로 배워 가는 장을 마련해 주는 역할이다. 내가 아동인권 교육 훈련장에서 퍼실리테이터로 일하는 목적은 우리 모두가 인간답게 사는 세상을 만들기 위함이다. 나는 아동인권 교육 훈련을 하는 데 그치지 않고, 영성 훈련으로 한 단계 높이 올라가야 한다고 생각한다. 영성 훈련은 나 자신이 참된 인간이 되는 것이 목적이기에 나부터 시작해야 하는 훈련이다. 나의 권리를 알지만, 모두가 행복해 질 수 있다면 기꺼이 나의 권리를 내려놓는 연습을 하는 것이 내가 생각하는 '영성 훈련'이다.

선입견이 만드는 차별에 민감하라

　존경하는 교수님, 안녕하세요? 저는 지난 주에 지방에 있는 한 교육 연수원에 강의를 다녀왔습니다. 그곳은 KTX로 2시간, 그리고 택시로 30분 달려 도착한 인적이 드문 조용한 곳이었지요. 논산을 지나면서 눈발이 날리기 시작하더니 택시에서 내리니 함박눈이 되어 내리더군요. 그동안 이번 강의와 관련하여 전화와 서신으로 여러 차례 정보교환을 나눈 장학사는 나를 만나자 물었어요. 강사 소개서에 적힌 생년월일이 맞냐고요. "맞다"고 했습니다. 장학사는 나를 사무실로 안내하더니 차를 준비한다면서 "커피는 못 드실 거고, 무슨 차를 드릴까요?"라고 물었어요. "준비하기 편하신 차로 주십시오"라고 말하니, 종이컵에 현미차를 담아 내밀더군요. 강의실로 가려는데 장학사가 또 말을 걸었어요. "따뜻한 물을 준비해야 하는데, 어쩌지요? 여긴 찬물밖에 없는데요"라고 나는 친절하게 말했지요. "아, 네 염려하지 마세요. 저는 제가 마실 물을 보온병에 담아 가지고 다닙니다"라고 말했어요. 교수님은 내가 보온병에 항상 뜨겁고 진한 커피를 담아가지고 다니는 걸 아시잖아요?

　　　　　　　　　　　　이렇게 살아도 행복해

강의실에 들어가니 30여 명의 교사들이 앉아 있었어요. 일반 교사 24명, 특수 교사 5명, 그리고 교장 1명으로 구성되었다고 하더군요. 반장으로 활동하는 교사는 "5일간 진행된 연수의 마지막 과정이니 쉬는 시간 없이 3시간 계속해서 강의하여 30분 일찍 끝내 주면 좋겠다"고 제안했습니다. 흔쾌히 "그러자"고 했습니다.

한 시간 동안 진지하게 강의하고 워크숍 활동을 위한 조별 자리 배치를 위해 잠시 강의가 중단 되었을 때 반장이 나오더니 나를 위해 차를 한 잔 가져오겠다고 하더군요. "커피는 안 드실 테지요? 무슨 차를 가져올까요?"라고 묻더군요. 이번에는 "네, 커피 좋습니다"라고 답했지요. 그랬더니 "여기 커피가 좀 진하더라고요"라고 해서 "네 괜찮습니다." 했어요. 잠시 후 반장은 종이컵에 믹스 커피 한 잔을 가져왔습니다. '이렇게 진한 커피를 마셔도 괜찮을까?' 염려하는 반장의 눈빛을 의식하고 웃으면서 커피를 마셨습니다.

교사들은 강의도 열심히 들었고 워크숍에 진지하게 참여하며 발표도 하고 피드백을 교환하면서 재미있어 했습니다. 무엇보다도 나의 주특기인 약속한 시간을 1분 오차도 없이 정확하게 지켜 주니 환호를 하더군요. 인권 교육 훈련을 마무리하고 돌아오면서 나이로 인해 은근한 차별 대우를 받았다는 마음이 들더군요. 성차별, 연령차별 등은 한국 사회 어디에서나 만나는 것 같습니다. 사람들은 다양한 분야에서 선입견과 고정 관념을 가지고 살아갑니다. 그것이 인권의 침해란 생각을 꿈에서도 할까요? 나이를 확인하고 확인된 나이에 대하여 가지고 있는 선입견 "저 나이에 어떻게 강의를 할까? 저 나이에 어떻게 커피를 마실까? 저 나이엔 찬 물을 마시면 안 되지……. 저 나이 엔……."

교수님, 제가 너무 인권 감수성이 민감한 건 아니겠지요?

호주의 인권 전문가이자 교수인 짐 아이프(Jim Ife)는 그의 저서 '인권과 사회복지 실천'에서 이렇게 쓰고 있습니다. "사람들은 노령기를 병리적인 것으로 인식하는 오류를 범하고 있다. 따라서 노령화의 부정적인 측면, 혹은 쇠약한 측면에만 초점을 두게 된다. 이는 노인이 지역 사회에 기여할 수 있는 기회를 부정하고, 그들이 가진 지혜와 경험을 경시하는 '노인에 대한 연령 차별'을 부추길 수 있다."

교수님, 저는 강의 마치고 기차를 타고 돌아오면서 교수님 생각을 했습니다. 만날 때마다 "우리 보약 먹어야죠?" 하시며, 커피를 진하게 내려 인심 좋게 머그잔 가득히 담아 나에게 건네는 모습을요. 그리고 법이 허용하는 한, 마지막 순간까지 대학 강단에서 가르치도록 NGO 활동가인 저를 지원 해주시고, 격려 해주신 교수님의 배려와 탁월한 인권 감수성에 대해 경의를 표합니다. 고맙습니다!

이렇게 살아도 행복해

예수처럼 살라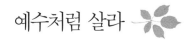

영화 '하나님의 아들·Son of God'을 보았다. 나는 영화를 통해서 인간 예수를 만났다. 신성과 인성을 동시에 지닌 존재 그 예수를 나는 어릴 때부터 사랑하고 의지했다. 영화를 통해 만난 예수는 철저하게 인간적인 모습이었다. 하나님의 능력을 보이는 장면들 속에서조차도 예수의 매우 인간적인 모습을 볼 수 있었다. 영화를 보는 동안 마음이 많이 아팠다. 신적인 예수가 표현될 때 우리는 경탄한다. 그러나 인간 예수는 우리로 울게 한다. 왜냐하면, 그 모습이 바로 나의 모습이고 우리 인간의 모습이기 때문이다.

영화 속의 성만찬 장면은 참으로 감동적이다. 지금까지 그 어떤 그림이나, 글이나, 다른 어떤 영화에서도 느끼지 못했던 성만찬 장면을 이 영화에서 보았다. 내가 교회에서 참여하는 성찬 예식들이 거룩하고 경건하게 보이지만 그것이 바로 '경건의 모양은 있으나 경건의 능력이 없는' 성찬 예식에 불과했던 것은 아닌지 생각해보게 했다.

영화 속에서 예수와 제자들의 마지막 만찬은, 예수님의 사랑과 아픔이 함께 있는 진정한 성찬으로 이루어진다. 그리스도인들은 그 장면을 그냥 무심히 넘길 수 없을 것이다. 다가올 채찍질, 죄 없이 정죄됨, 자유의 박탈과 감힘, 사형 선고, 조롱과 멸시, 천대, 오해와 누명, 무례함, 버림 받음, 인간으로써 가장 견디기 힘든 모든 상황을 한꺼번에 온 몸으로 받아야 하는 고통과 아픔을 예견하면서, 사랑하는 제자들과 함께 나누었던 마지막 만찬! 그 만찬 장에서 그 분은 말씀하셨다. "이것이 내 몸이니 받아먹어라.", "이것이 내 피니 받아 마셔라."

우리는 절기마다 이러한 성만찬 예식에 참여한다. 섬김과 사랑, 배려와 덕을 온 몸으로 본을 보이는 인간 예수의 마음을 우리는 닮을 수 있을까? 사람은 누구를 닮으려 애쓰느냐에 따라 그 인생이 결정된다고 한다. 나는 감히 인간 예수를 닮은 인생이 되고 싶다. 예수, 그는 인간이다. 완벽한 인간으로 와서 인간으로 살다가 죽었다. 우리 모든 인간처럼 말이다. 그러나 그는 살아났고, 지금도 살아 있다. 이 점이 우리 인간과 다른 점이다. 그 어떤 인간도 죽었다가 다시 살지 못했다. 예수는 살아나셨다. 그가 진정 다시 살아나셨다. 그것으로써 그가 누구인지를, 어떤 존재인지를 확증해 주었다!

예수를 믿어 구원을 얻은 자와 그렇지 않은 자들의 차이는 엄청나다. 모든 인간은 죽음으로 끝이지만 예수를 믿고 구원의 자리에 들어선 사람은 살아 있는 예수와 함께 영원히 산다. 예수는 인간으로 이 세상에 온 하나님의 아들이다.

"예수는 지혜와 키가 자라고 하나님과 사람에게 더욱 사랑을 받았다."(누가복음 2장 52절)

떠나야 할 때가 있음을 알라 🌿

동생이 잔잔한 영화를 보고 싶다고 하여 선택한 영화가 '마지막 4
중주'였다. 이른 아침에 우리 자매는 영화관에 갔다. 그런데 그 영화
는 오후 1시 45분에만 볼 수 있다고 한다. 시간이 맞지 않아 다음 기
회에 보기로 하고 동생을 설득하여 '설국열차'를 보았다. 영화 관람 후
동생은 끔찍한 장면이 많아 보기 힘들었다며 투덜거린다.

우리는 '마지막 4중주'를 보기 위해 다시 한 번 시도했다. 이번에도
실패였다. 3일 전에 그 영화를 내렸다고 한다. 그래서 우리는 그 영화
관람을 포기했다. 그로부터 한 달여 지났을 때, '잡스'란 영화를 보러
갔는데, 그 영화관에서 '마지막 4중주'를 하루에 한 번 상영한다는 정
보를 얻었다. 우린 '잡스'를 보고, 며칠 후 '마지막 4중주'를 보러 갔다.
잔잔한 음악을 즐길 수 있으리라 기대했는데, 기대와는 달리 '마지막
4중주'는 음악 영화가 아니었다. 물론 간간히 아름다운 선율을 즐길
수 있었으나 이 영화는 음악을 만들고 연주하는 사람들의 이야기를
담은 영화이다. 현악 4중주단의 단장인 첼리스트가 파킨슨씨병 진단

이렇게 살아도 행복해

을 받으면서 영화 '마지막 4중주'는 정점으로 향한다. 멋진 팀워크로 아름다운 화음을 만들며 화목했던 4중주 단원들은 단장이 떠날 수도 있다는 사실로 인해 크게 동요한다.

단장은 대학에서 음악을 강의하는 관록 있는 교수이며 4중주단의 노련한 첼리스트였다. 그런데 그는 파킨슨씨병을 앓고 있었는데, 이 영화는 이 병을 알아듣기 쉽게 설명해 준다.

"이 병은 손이 떨리고, 모든 것이 작아지는 증세가 나타난다.", "걸음걸이의 보폭이 작아지고 어깨가 작아지고 목소리가 작아지고 손동작이 작아지고 글씨가 작아진다. 그래서 큰 동작을 만드는 운동을 계속 연습하고 훈련해야 한다."

그러나 그 어떤 노력도 이 영화의 주인공에게 도움이 되지 않는다. 파킨슨병은 근육의 문제가 아니라 뇌의 문제이기 때문이다. 뇌의 기능이 떨어지기 시작하면 얼마나 무서운 일이 일어나는지 나는 보았다. 아름다운 화음을 만드는 연주를 감상하며 즐기기 위해 선택한 영화는 시종 나의 가슴을 먹먹하게만 했다. 공교롭게도 우리가 영화를 본 그날이 남편 안 장로가 오랫동안 파킨슨씨병과 싸우다 세상을 떠난 날이었다. 어쩌다가 남편 추모일에 이 영화를 보러 왔는지 알 수 없었다. 영화 속 주인공이 겪는 아픔과 괴로움, 두려움과 절망에, 공감 (empathy)되어 영화를 보는 동안 내내 힘들었다.

영화는 감동적인 결론을 내리며 마무리한다. 단원들은, 투병 생활을 하는 단장과 함께 '마지막 4중주'를 연주할 수 있을까? 전전긍긍하지만 결국 성대한 음악회가 열리고 '마지막 4중주'는 온 청중을 긴장시키며 서서히 연주된다. 그러나 연주가 빠른 템포로 마지막 정점으로 올라가는 시점에서 주인공은 연주를 멈추어 버린다. 그리고 가만히 첼로를 바닥에 내려놓는다. 그는 숨죽여 지켜보는 수많은 관중 앞으로 천천히 걸어 나간다.

"나는 더 이상 동료들을 따라 갈 수가 없어 여기서 그만 멈춰야겠습니다"라고 단장이 청중을 향해 조용히 말한다. 그리고 그는 무대 뒤에서 기다리고 있던 전도유망한 젊은 여성 첼리스트를 자신이 앉았던 자리에 앉힌다. 새로운 팀으로 엮인 4중주단은 열정을 다해 '마지막 4중주'의 남은 부분을 멋지게 연주하며 마무리 한다.

신과 함께 가라

Love, like you've never been hurt.

(한 번도 상처받은 적이 없는 것처럼 사랑하라.)

Dance, like nobody is watching you.

(아무도 보는 이 없는 것처럼 마음껏 춤추라.)

Sing, like nobody is listening you.

(아무도 듣는 사람이 없는 것처럼 마음껏 노래하라.)

Work, like you don't need money.

(돈이 필요 없는 사람처럼 일하라.)

Live, like today is the last day to live.

(오늘이 마지막 날인 것처럼 살라.)

(알프레드, 성 프란치스코회 수사)

사람을 대하는 나의 태도가 바뀌었다. 가족이나 친구를 만날 때 혹은 선배나 후배를 만날 때 순수한 마음으로 대하게 된다. 계산이나 이해타산을 따지지 않는다. 사랑하며 사는 방법을 조금씩 터득하며 살게 되었다. 그렇게 하는 것이 인간관계를 맺는데 기본이라고 믿는다. 상대방을 무조건 받아 주고 수용할 수 있기 위해 나를 훈련한다. 누구도 의심하고 경계할 필요가 없다. 세상에 '내 것'이란 없다는 진리를 절실하게 깨우친 이후에 내게 생긴 점차적 변화이다. 참 마음이 편하다. 무소유가 축복이란 말이 믿어진다.

잘하지는 못하지만 나는 노래와 춤을 좋아한다. 그러나 어디서든 늘 주변 사람의 눈치를 보고 체면을 차린다. 몰입하여 마음껏 노래하고 춤춘 적이 있었던가? 뒤돌아보면 참으로 후회가 된다. 나는 한 번도 진정한 자유를 향한 출구에 진입해보지 못한 것 같다.

그래도 내가 잘 한 일도 한두 개는 있는 것 같다. 평생 직업을 가진 여성으로 일하면서, 보수나 보상이 일의 목적이 된 적이 없다. 적어도 돈 때문에 일하지 않았다. 돈이 필요하지 않아서가 아니다. 물질적인 보상을 나의 일의 목적으로 삼고 일한 적이 없다는 뜻이다. 내가 하는 일에 대하여 얼마의 보수가 책정되건 그것으로 만족하며 살았다. 보수가 아닌 일하며 받는 기쁨을 추구했고 그것을 맘껏 누렸다. 40여 년 동안 일했고 지금도 여전히 일하지만 내 평생에 월급이나 연봉을 홍정한 일은 없었다.

내가 잘했다고 생각하는 다른 하나는 오늘이 내 삶의 마지막 날이듯 열정을 다해 살았다는 것이다. 돈이 필요치 않은 것처럼 일하고 오

이렇게 살아도 행복해

늘이 내 인생의 마지막 날인 것처럼 열심히 산 것, 그것은 확실히 잘한 것이다.

"노래하고 기도하며 신과 함께 가라. 그리고 선을 행하라. 천국의 장엄함을 믿는 자는 거듭나리로다. 주님께 아무 의심 없는 자는 버림 받지 않으리라."(영화, 신과 함께 가라 · VAYA CON DIOS)

주의 자비를 구하라

"영원히 홀로 자비로우신 하나님,

생의 맥박이 점점 약해져 가는 이들을 향해,

햇살 따스한 날 내내 자리에 누워 있어야 하는 이들을 향해,

오늘 이 빛에 눈 감아야 하는 앞 못 보는 이들을 향해,

할 일이 너무 많아 쉬는 기쁨을 누릴 수 없는 이들을 향해,

할 일이 너무 없어 일하는 기쁨을 누릴 수 없는 이들을 향해,

사랑하는 이들을 잃고 그 마음이 쓸쓸하고

그 집이 서늘한 이들을 향해,

오 하나님, 주의 자비를 베풀어 주옵소서."

(존 베일리)

스코틀랜드 출신의 신학자인 존 베일리가 드리는 기도처럼, 우리에
겐 너 나 할 것 없이 영원히 홀로 자비로우신 분의 불쌍히 여기심이
필요하다. '나는 누구인가?'에 대한 명확한 답을 알고 있다면 우린 그
분의 자비를 매일 구해야 한다. 전도서의 저자는 말한다.

이렇게 살아도 행복해

"빠르다고 해서 달리기에서 이기는 것은 아니며, 용사라고 해서 전쟁에서 이기는 것도 아니더라. 지혜가 있다고 해서 먹을 것이 생기는 것도 아니며, 총명하다고 해서 재물을 모으는 것도 아니며, 배웠다고 해서 늘 잘되는 것도 아니더라. 불행한 때와 재난은 누구에게나 닥친다. 사람은, 그런 때가 언제 자기에게 닥칠지 알지 못한다. 물고기가 잔인한 그물에 걸리고 새가 덫에 걸리는 것처럼 사람들도 갑자기 덮치는 악한 때를 피하지 못한다."(전도서 9장 11-12절)

우리 모두가 영원히 홀로 자비로우신 분의 긍휼히 여기심을 받아야 한다. 그 이유는 우리가 스스로의 삶을 열심히 경영하지만 결과를 정하시는 분은 오직 한 분, 우리를 지으신 전능하시고 자비가 많으신 그분이시기 때문이다. 우리는 티끌이요 먼지요 재일뿐이다. 우리는 지음 받았다. 우리의 삶은 오로지 그분의 주권 아래 있다. 이것이 우리가 불쌍히 여김을 받아야 하는 이유다.

　나에게 꿈이 있다. 마틴 루터 킹 목사에게 '어린 흑인 소녀, 소
년들이 백인 소년, 소녀들과 형제자매로서 손을 맞잡는 날이 있
으리라는 꿈'이 있었던 것처럼, 나에게도 꿈이 있다. 북한의 아이
들과 남한의 아이들이 진정한 형제자매로서 손을 맞잡는 날이 머
지않아 오리라는 꿈이다. 북한의 아이, 남한의 아이가 아니라 이
세상의 모든 아이들이 힘 있는 자들에 의해 인권이 침해되고, 마
음에 상처받고, 눈에 눈물이 고이지 않는 세상을 만들어 가는
일, 이 세상의 모든 아이들이 형제자매로서 손을 맞잡고, '고요
히 배우고 즐겁게 뛰어 노는 세상'을 만드는 일, 나에게는 그러한
꿈이 있다.

제
6
장

인권 감수성

너의 삶을 '선정(good governance)'으로 이끌라 🍂

일본인 여류작가 시오노 나나미는 그의 책 '로마인' 제 9권 말미에서 "선정(good governance)이란 세상에서 가장 작은 자들이 무참한 꼴을 당하지 않는 정치를 하는 것"이라고 일갈한다. 우리 집에는 한국 정치사를 잘 볼 수 있게 온 식구가 드나드는 곳에 한 장의 종이가 붙어 있다. 우리나라 제 1대부터 현재에 이르는 역대 대통령의 이름과 임기 기간이 적힌 종이이다. 큰 손녀 은비가 '한국사 능력검정시험'을 준비할 때 붙여놓은 것으로 동생 솔비도 이어서 같은 시험을 본다고 하여 여전히 붙어 있는 종이이다. 어느 날 무심코 그 종이를 들여다보다가 내가 역사의 증인이라는 생각이 들었다. 나는 우리 나라 초대 이승만 대통령 시대에 초등학교와 중학교, 고등학교 시절을 보냈다. 현 문재인 대통령 시대에 노년기를 보내고 있으니 나는 역사의 증인이라고 할 수 있다. 나는 긴 세월을 살면서 딱히 통치자들에게 무얼 간곡하게 바라고 소망한 적이 별로 없었던 것 같다. 정치가들은 그들의 사명을 충실히 감당하면 되고, 나는 내 삶을 충실히 살면 되는 것이라고 생각했다.

그러다 아동을 중심에 두고 일하는 전문직 여성이 된 이후 정치가들에게 요청하고픈 소망이 생겼다. 그것은 선정을 베풀어 달라는 것이다. 나는 시오노 나나미가 내린 선정의 정의에 마음 깊이 동의한다. 그러면서 '세상에서 가장 작은 자들이 무참한 꼴을 당하지 않는 정치'를 하도록 정치가들에게 부탁한다.

　　나는 '7번방의 선물'이라는 영화를 보았다. 그 당시 이 영화의 관람객 수가 1천만 명을 넘어섰다고 매체들이 앞 다투어 전했다. 어린아이들부터 어른에 이르기까지, 관람객들이 울고 웃으며 감동한 영화다. 반면에 어찌 보면 너무 어처구니없고 황당한 부분이 있어서 관객들을 분노케 하는 영화이기도 하다. 그런데도 왜 1천만이 넘는 관람객들이 그 영화에 열광했던 걸까? 그 이유는 영화의 메시지에서 찾을 수 있다. '인권이 존중되는 사회를 만드는 것', '가장 작은 자들이 소외되고 무참한 꼴을 당하지 않는 나라를 만드는 것'에 대한 갈망이 잘 표현되었고, 관람객들은 그 점에 공감하였다고 생각한다.

　　아직 작고 미숙한 아이이기 때문에, 장애가 있어서, 나와 인종이 다르니까, 종교가 달라서, 성소수자니까, 미혼모여서, 미혼모의 자녀여서, 가난해서, 공부를 못해서, 피부색이 달라서, 힘이 약해서, 한 부모 가정의 자녀여서 등의 다양한 이유로 억울한 일을 당하고, 무참한 대우를 받는 백성이 없는 나라를 세워 가는 것이 바로 선정이다.

　　선정은 정부나 정치인들이 국가 경영을 잘 하는 것만을 뜻하지 않는다. 비정부 기구나 비영리 기관들도 반드시 선정으로 경영해야 한다. 마찬가지로 사회의 모든 구성원도 자신의 삶을 선정으로 이끄는 일은 매우 중요하다. 통치자들을 향한 선정의 소망이 이루어지려면 우리 사회의 구성원들 모두가 자신이 속한 지역사회에서, 일터에서 그리고 가정에서 선정으로 살아 내야 한다. 나부터 그래야 한다.

존재의 힘으로 살라

"현군이라는 아이가 있다. 이 아이가 처음 홀트 아동복지회 의료부에 왔을 때는 세 살 무렵이었다. 그 때 아이의 몸은 짐승의 발톱으로 할퀸 자국이 가득했다. 하루 이틀 당한 상처가 아니어서 어떤 상처에는 딱지가 앉았고, 어떤 상처에서는 피가 흐르고 있었다. 그것은 고양이의 소행이었다. 그런 현군이는 자라면서 심각한 정신지체와 발달장애, 정서장애를 나타냈다. 툭하면 복지타운 아이들과 싸움을 벌여 얼굴이 성할 날이 없었고, 자원봉사자는 물론이고 사회복지사들도 천방지축으로 날뛰는 현군이를 통제하지 못해 애를 먹었다.

이런 현군이가 달라진 것은 홀트 일산복지타운 장애인 합창단 '영혼의 소리'의 단원이 되면서부터이다. 악보도 못 보고 글도 못 읽지만 지휘자 선생님이 박자와 음정을 가르쳐주고 시범을 보이면 곧잘 따라 했다. 잠시도 가만히 있질 못하던 현군이지만, 합창단 연습 때면 누구보다도 침착하게 집중력을 발휘했다.

스무 살이 된 현군이는 이 합창단의 솔로 싱어로 활동한다. 놀라운 것은 현군이가 노래할 때 사람들이 위로를 받는다는 것이다. 맑고

청아한 목소리로 현군이가 '당신은 사랑받기 위해 태어난 사람……'
이렇게 노래를 시작하면 좌중은 조용해지고 사람들은 눈물을 훔쳤
다. 아무 것도 가진 것 없는 볼품없는 지체 장애인의 노래가 사람들
을 위로하고 맑은 눈물을 이끌어 내는 것이다." (아름다운 동행 중 '할
머니 의사 조병국')

　현군이처럼 존재의 힘으로 사는 사람은 많지 않다. 그러나 존재의
힘으로 사는 사람은 당당하고 보람 있게 산다. 그렇게 사는 사람에겐
다른 사람으로 하여금 존재의 가치를 알게 해주는 힘이 있다. 할머니
의사인 조병국이 바로 그러한 인격을 가진 분이다. 그는 아무 쓸모없
는 존재처럼 무시되고 소외된 한 영혼이 존재하는 보람을 느끼며 살
아가도록 이끌어 주었다. 이것은 보통 일이 아니다. 한 생명을 살리는
엄청난 일이다.
　할머니 의사인 조병국은 현군이를 이해하고, 인정하고, 사랑해 주
었다. 그리고 그 내면에 꼭꼭 숨어 있던 엄청난 잠재력을 이끌어 내어
현군이가 존재감을 느끼며 사는 인생으로 발돋움하는 데 도움을 주
었다. 할머니 의사가 현군이를 만났을 때, 그 아이는 버려진 상태였다.
누군가의 도움을 받기 위해 복지회로 인도되었다. 할머니 의사는 현
군이를 이 땅에 태어난 매우 존엄한 존재로 인정했고, 그의 존엄성을
일깨워 주었다. '한 생명이 천하보다 귀하다!'는 정신으로 현군이를 대

　　　　　　　이렇게 살아도 행복해

했다.

　"사랑받고 존중받으며 자란 아이는 반드시 다른 사람을 사랑하고 존중할 줄 아는 존재가 된다."(야누스 코르착)

욥의 인권 감수성을 배우라

"내 남종이나 여종이 내게 탄원을 하여 올 때마다, 나는 그들이 하는 말에 귀를 기울이고, 공평하게 처리하였다. 그렇게 하지 않았더라면 내가 무슨 낯으로 하나님을 뵈며 하나님이 나를 심판하러 오실 때에 내가 무슨 말로 변명하겠는가? 나를 창조하신 바로 그 하나님이 내 종들도 창조하셨다. 가난한 사람들이 도와 달라고 할 때에 나는 거절한 일이 없다. 앞길이 막막한 과부를 못 본 체한 일도 없다. 나는 배부르게 먹으면서 고아를 굶긴 일도 없다. 일찍부터 나는 고아를 내 아이처럼 길렀으며, 철이 나서는 줄곧 과부들을 돌보았다. 너무나도 가난하여 옷도 걸치지 못하고 죽어 가는 사람이나 덮고 잘 것이 없는 가난한 사람을 볼 때마다 내가 기른 양 털을 깎아서, 그것으로 옷을 만들어 그들에게 입혔다. 시린 허리를 따뜻하게 해주었더니 그들이 나를 진심으로 축복하였다. 내가 재판에서 이길 것이라고 생각하고 고아를 속이기라도 하였더라면 내 팔이 부러져도 할 말이 없다. 내 팔이 어깻죽지에서 빠져 나와도 할 말이 없다. 하나님이 내리시는 심판이 얼마나 무서운 지를 잘 알고 있었으므로, 나는 차마 그런 파렴

이렇게 살아도 행복해

치한 짓은 할 수 없었다."(욥기 31장 13-23절)

세상에서 가장 많은 사람이 읽고, 소장하는 책이 성경이다. 또한 성경은 가장 탁월한 문학작품이기도 하다. 그 중에서 욥기는 '지혜 문학'에 속한다. 욥기의 저자가 누구인지는 정확하게 알려져 있지 않다. 다만 '성숙한 영적 통찰력과 뛰어난 문학적 재능을 가진 익명의 저자'로 알려졌다. 욥은 아브라함에 비견되는 인물로 가축을 많이 거느린 족장이고, 대가족의 가장이며, 장수한 인물이다.

학자들은 욥기의 시대 배경을 BC 2000~1500년경으로 본다. 예수께서 오기 2000여 년 전에 살았던 욥은 뛰어난 인권 감수성과 영성을 지닌 지도자이다. 그는 "나를 지으신 분이 바로 나의 종들도 지으셨다"고 고백한다. 이것은 만인 평등을 말하는 존재론적 고백이다. 욥은 신의 존재, 자신의 존재 그리고 타인의 존재에 대하여 분명하게 인식하고 있었다. 그가 신과 이웃과의 올바른 관계를 형성하며 살았음을 성경은 전해 준다. 신은 욥을 향하여 "그 사람은 온전하고 정직하여 하나님을 경외하며 악에서 떠난 자"라고 말한다.

욥기 31장에 드러난 욥의 모습을 살펴보자. 첫째, 욥은 자기 자신과 그의 종들이 창조주가 지으신 똑같은 피조물임을 고백한다. 따라서 그는 평등과 비차별 정신을 삶에서 실천하며 살았다. 둘째, 욥은 가난한 이들과 세상의 가장 작은 자들을 외면하지 않았다. 과부와 고아,

가난한 이들을 보살피고, 먹이고, 입혔다. 셋째, 욥은 만물을 지으신 창조주 하나님을 경외하였다.

욥은 탁월한 인권 감수성을 지닌 동시에, 깊은 영성을 지닌 의로운 인간의 표본이다. 마음과 뜻과 정성을 다하여 하나님을 사랑하고, 또한 자기의 이웃을 자기 자신처럼 사랑하며 살았던 욥의 인권 감수성과 영성이 부럽다.

지경을 넓혀라 🍂

   팔레스타인 아이들에 대한 나의 관심은 이렇게 시작되었다. 생일에 동생인 김응호 장로가 생일 선물로 책을 한 권 보내 주었다. 에릭 시걸이 쓴 'Acts of Faith'라는 원서였다. 후에 번역본을 보았는데 번역서의 제목은 '드보라'였다. 그 제목은 작품 속 여주인공의 이름을 따온 것이다. 이 책은 저명한 유대 랍비의 맏딸인 드보라가 율법으로 그녀의 모든 삶을 엄격하게 구속하는 아버지가 원하는 삶이 아닌, 온전히 믿음(faith)으로 사는(acts) 이야기를 담고 있다. 이 책의 저자인 에릭 시걸은 그의 명성에 걸맞은 명작을 내놓았다. 이 책은 재미만으로 끝나지 않고 모든 신앙인들의 관점과 시야를 넓혀 준다. 그래서 유대인, 아랍인, 팔레스타인, 기독교인, 천주교인 등 신앙인들이 꼭 한번 읽어 보면 좋겠다는 생각이 든 책이다. 신앙인의 생각과 폭을 넓히는 데 도움을 주는 책이기 때문이다. 이 책을 읽으며 유대인과 팔레스타인 사람들 간의 관계에 더욱 관심이 생겼다. 그래서 관련된 더 많은 정보를 모아, 더 깊이 알려고 노력했다.

   '지도 위에서 지워진 이름, 팔레스타인에 물들다', '꼭 한 번 가보고 싶은 이스라엘' 등을 이어서 읽으며 이스라엘과 팔레스타인을 조금씩 알아가기 시작했다. 나는 모태 신앙인으로 이 세상에 태어나 지금까지 기독교인임을 자처해 왔다. 늘 성실하게 믿음 생활을 한다고 생각했다. 그러나 이스라엘에 대하여, 그리고 팔레스타인에 대하여 잘 알지 못했다. 얼마 전 집 근처의 한 교회에서 '회복'이란 영화를 만든 영화감독을 초청하여 이스라엘과 팔레스타인에 사는 기독교인들의 믿음 생활에 대한 강연을 들었다. 그분의 현장감 넘치는 이야기를 통해서 많은 정보를 얻고 정말 놀랐다.

2013년 11월 1일 부산에 갔다. 세계교회연합회(WCC·World Council of Church) 제 10 차 총회가 부산에서 열리고 있었다. 나는 저녁 7시부터 시작되는 한 행사에 초청을 받았다. 그 행사는 팔레스타인 기독교인과 한국 기독교인이 연합하여 드리는 '평화를 위한 예배'였다. 나는 그 행사에 기도 순서를 맡게 되었다. 그동안 팔레스타인 아이들의 열악한 상황 때문에 안타까웠지만, 그들을 위한 중보 기도를 드린 적이 없었다. 이번에 팔레스타인 아이들을 위한 기도 순서를 맡게 되면서 그들이 처한 상황에 대해 더 세밀하게 알게 되었다. 유엔 자료를 찾아 이스라엘 땅에서 차별과 부당한 대우를 받는 아이들의 상황을 살폈다. 이스라엘이 유엔에 제출한 '유엔 아동권리협약이행 국가보고서'와 'NGO 대안보고서' 등을 검토했다. 국제사회에서 회자되는 기사

이렇게 살아도 행복해

를 통해 아동인권 침해 이슈들을 모았다. 소문대로 이스라엘 땅에서 가장 열악한 상황에 놓인 아동은 바로 팔레스타인 아동임을 재확인할 수 있었다. 유엔 아동권리위원회가 이스라엘 정부에 권고한 내용을 바탕으로 팔레스타인 아동의 권리 침해 상황의 회복을 위한 기도를 준비하였다.

부산에서의 총회 행사에서 우연하게 특별한 워크숍에도 참석하게 되었다. 그것은 '세계 아동의 인권 옹호를 위한 워크숍'이었다. 워크숍 주제가 '교회 안에서의 아동인권 옹호 활동(Church's Advocacy for Children's Rights)'이었다. 정말 우연하게 참석하게 되었는데, 한국의 아동인권 옹호 활동과 관련해 시의적절한 정보를 수집할 수 있는 워크숍이었다. 세계 여러 나라 교회 대표들이 아동권리 옹호를 주제로 워크숍을 하리라고는 생각조차 못했다. 그래서 나는 이 특별한 행사에 인도함을 받았다는 마음이 들어 감사했다.

이 행사가 한국 교회 학교의 교육 커리큘럼을 다시 생각하는 계기가 되기를 간절히 원했다. 한국 교회 학교도 이젠 자국의 아이들 뿐만 아니라, 이웃 나라 아동의 아픔과 고통에 관심을 돌리고 지속적으로 세계 아동인권 옹호 활동을 할 수 있는 크리스천 인재들을 키워내기를 소망한다.

존재와 행위를 분별 하라

　한국의 가장 큰 NGO 중 하나인 사회복지 기관의 요청으로 직원들을 위한 인권 교육 훈련 워크숍을 진행하기 위해 지방에 다녀온 적이 있다. 새벽부터 비가 쏟아져서 새벽 5시부터 서둘렀다. 그곳에서 만난 교육 참가자들은 동기 유발이 잘 된 젊은이들이어서 시작부터 활기가 넘쳐 났다. 그들은 진행팀에게도 호의적인 태도를 보여주었다.

　우리가 이끄는 인권 교육 훈련에서는 훈련생들의 적극적인 참여가 핵심이다. 이날 교육장의 분위기를 보며 기대가 되었다. 첫 교육 활동은 '나는 누구인가?', '아동은 누구인가?'라는 질문에 존재론적으로 답을 찾는 것이다. 보통 진행자는 존재론적인 답을 요청하지만, 대부분 참여자들은 자기가 하고 있는 직업이나 업무와 관련된 답을 말한다. '내가 누구인가?'보다는 '나는 얼마나 유능한 사람인가?'에 참여자들의 생각이 집중되어 있다. 그렇기 때문에 그들은 존재론적인 질문 자체를 이해하지 못하거나, 이해는 해도 답하기를 어려워한다. 30여 명의 참가자 중 두 세 명 정도만 존재론적으로 답하는 것이 보통이다. 그런데 이번 그룹은 40명 중 12명이 존재론적인 답을 정확하게 제시하였기에 좋은 시작이라고 느꼈다! 더욱이 교육생 중 한 사람이 특이한 활동 결과물을 내놓았다. 존재론적인 질문 자체를 바꾸어 답을 적었다. 그는 '아동은 누구인가?', '나는 누구인가?'란 질문을 바꾸어 '나는 무엇인가?', '아동은 무엇인가?'로 고쳐 쓴 후에 답을 적어 발표했다. 그 참가자는 존재론적으로 질문하면 존재론적으로 답해야 하고, 행위를 묻는 질문에는 행위에 대해 답해야 한다는 것을 알고 있는 듯 했다.

민주주의에 기반한 참여식 접근으로 교육을 진행하기에 예기치 못한 한 참가자의 생각을 나는 그냥 지나칠 수 없었다. 피드백이 추가되고 새로운 정보를 나누는 시간이 더해졌다. 흔히들 존재와 행위의 개념을 쉽게 혼동한다. 그래서 우리는 존재와 행위의 개념을 명료화하는 활동을 추가로 시도했다. 사전에 준비한 내용은 아니지만 교육 참가자들의 활동에 대한 피드백은 소통을 기반으로 진행되는 것이 인권 교육 훈련의 특징이기도 하다. 교육을 진행하는 퍼실리테이터로서 나는 존재와 행위를 구분하여 이해할 수 있는 가장 좋은 사례를 성경에서 찾아 전했다.

존재와 행위의 개념을 구분하지 못하고, 빗나간 질문을 하는 한 사람의 이야기가 성경에 나온다. 예수를 십자가에 죽게 내어 준 로마의 총독이었던 빌라도의 이야기이다. 예수는 자신이 진리를 위해 이 땅에 왔고, 진리를 증거하다가 법정에 서게 되었음을 말한다. 예수가 말하는 진리가 무엇인지 빌라도는 궁금했다. 빌라도는 "진리가 무엇이냐?(What is truth?)"고 질문 한다. 예수가 말하는 진리는 '무엇'이 아니고 '누구'이다. 이 점을 이해했다면 빌라도는 존재론적인 질문을 해야 했다. 'What is truth?'가 아니고, '누가 진리인가?(Who is truth?)'라고 물어야 했다. '예수가 어떤 일을 하는 사람인가?'에 초점을 두는 것이 아니라 '예수가 누구인가?'가 중요하다. 신은 '스스로 있는 존재'이다. 즉 자존하는 존재가 신이고, 신이 진리이다. '진리가 너희를 자유하게 하리라'는 말씀은 진리가 '무엇'이 아니고 '누구'일 때 가능한 일이다. 진리는 행위나 역할에 대한 개념이 아니라 존재 그 자체에 대한 개념이다.

'나는 누구인가?'라고 존재론적으로 묻는 질문은 '나는 사회복지사', '나는 세 아이를 키우며 일하는 워킹맘', '나는 장래가 촉망되는 마케팅 팀장' 등의 다양한 정보를 얻기 위해 던지는 질문이 아니다. 진정으로 나는 누구이며 어떤 존재인가를 묻는 질문이다. 나는 누구이며, 아동은 누구인지를 바르게 아는 것으로부터 아동인권 교육 훈련이 시작된다.

그 날 교육 시간에 한 참여자가 존재론적인 질문을 임의로 바꾸어 쓰면서 새로운 이야기가 전개 되었고 그 과정을 통해 교육생들이 인권을 알아가는 새로운 접근법을 배웠다. 교육 참여자들의 적극적 참여는 인권 교육의 내용을 풍성하게 한다.

이렇게 살아도 행복해

필로미나처럼 용서하라 🍃

1922년, 아일랜드에서 20대 초반의 여성 1만여 명이 강제 노역에 동원되었다. 노동에 동원된 여성들 중에 미혼모가 생겼고, 그들이 출산한 아동들이 거의 강제로 다른 나라에 입양되는 일이 벌어졌다. 이러한 역사적 상황을 배경으로 하여, 2009년 BBC 전직 기자인 마틴 식스미스가 실화를 바탕으로 쓴 '잃어버린 아이'를 저술하였고, 이 책을 원작으로 만든 영화가 '필로미나의 기적'이다.

2014년 4월 중순에 서울에서 개봉한 이 영화는 한국 사회에서 이슈가 되고 있는 미혼모, 베이비 박스, 해외 입양과 관련된 이야기였다. 당연히 한국 사회의 민감한 관심을 끄는 영화가 되었다. 특히 영화가 상영될 즈음에 미국의 한 가정에 입양된 한국 아동이 미국에 도착한 지 100일 만에, 양부의 학대 치사로 인해 사망한 사건이 발생했다. 이 사건을 계기로 해외 입양이 다시금 한국 사회에 뜨거운 이슈로 부상하게 되어 많은 이들이 이 영화에 높은 관심을 보였다.

이 영화에서 필로미나라는 이름을 가진 한 순진한 여성은 축제에서 우연히 만난 청년과 단 한 번의 만남으로 임신을 한다. 딸의 임신 사실을 부끄러워하는 아버지는 필로미나를 수녀원에 맡긴다. 그녀는 어머니를 일찍 여의고 아버지에게까지 버림받은 것이다. 수녀원에서 임신한 몸으로 고된 노동에 시달린다. 생사를 넘어 해산의 고통을 이기고 안소니라는 귀한 아들을 출산한다. 수녀원에는 필로미나와 같은 형편의 젊은 동료들이 함께 살면서 서로를 위로한다. 이들은 수녀원에서 고된 노동을 하면서 하루에 딱 한 시간만 자신의 아이와 만날 수 있었다. 필로미나는 아들 안소니를 만나는 하루의 한 시간을 희망으로 삼고 고된 노동을 견딘다. 그러나 수녀원에서 생모의 의사와 전혀 상관없이 아이들을 해외로 입양을 보내는 일이 빈번해진다. 해외 입양은 수도원의 큰 수입원이었기 때문이다.

필로미나는 그녀의 생명 그 자체인 사랑하는 아들 안소니를 한 번 안아 보지도 못한 채 입양이라는 이름으로 강제로 빼앗긴다. 그때로부터 50년이 지난 후 잃어버린 아들의 50번 째 생일날, 어머니 필로미나는 생사조차 알길 없는 빼앗긴 아들의 생일 축하 촛불을 홀로 밝힌다. 자신이 50년간 가슴에 묻고 속 태운 비밀 이야기를 성장한 그의 딸에게 고백한다.

딸의 적극적 지원으로 필로미나는 전직 BBC기자인 마틴 식스미스를 만나게 되었다. 그들은 아들 안소니를 찾을 수 있는 정보를 얻기 위해 수녀원을 찾아간다. 그러나 수녀원으로부터는 화재로 모든 서류가 소실되어 안소니의 행방을 알 길이 없다는 말만 듣는다. 그들은 철

이렇게 살아도 행복해

저하게 방어적인 수도원의 태도에 분노하지만 속수무책이었다. 그러한 비협조적인 상황 속에서 마틴은 필로미나와 함께 직업적인 육감으로 잃어버린 아이를 찾는 일을 조금씩 진전시킨다.

　마틴은 안소니가 미국으로 입양된 사실을 알아낸다. 그리고 안소니가 살았던 워싱톤을 향해 필로미나와 함께 여행을 떠난다. 사건이 발전되어 감에 따라 특종기사가 될 가능성이 높다고 판단한 BBC사는 마틴과 필로미나의 여행 경비를 지원한다. 미국에 도착한 필로미나는 아들이 백악관에서 대통령 법률 자문이 되어 성공적인 삶을 살았음을 알게 된다. 그리고 안소니가 동성애자로 살았고, 결국 HIV(Human Immunodeficiency Virus·인체 면역 결핍 바이러스)로 사망했다는 사실도 알게 된다. 필로미나는 안소니를 자신이 직접 키웠다면 과연 그렇게 잘 키울 수 있었을까 생각하며 안소니의 삶을 자랑스러워한다. 하지만 아들을 만날 수 없는 사실에 절망한 필로미나는 바로 집으로 돌아가려고 짐을 꾸린다. 그러나 필로미나는 갑자기 마음을 바꾼다. 꼭 확인하고 싶은 일들이 있기 때문이었다.

　필로미나가 꼭 알고 싶은 일은 두 가지였다. 하나는 안소니가 생모를 찾은 적이 있는지, 다른 하나는 안소니가 자기의 조국 아일랜드를 기억하고 사랑했는지 였다. 그녀는 이 두 가지 질문에 대한 답을 찾기 위해 아들의 친구와 친지들을 찾아 나선다. 주변 친구들을 만나서 아들의 삶의 자취를 더듬어 간다. 그리고 어렵사리 아들 안소니가 사랑했던 친구와 만난다. 안소니의 동성 애인이었던 피터는 외부인을 만나는 것을 거부했지만, 50년간 아들을 그리며 가슴이 까맣게 탄 생모의 모성에 마음을 열고 필로미나를 만난다. 그리고 모든 이야기를 영상과 입을 통하여 전해 준다. 필로미나는 어린 시절부터 백악관에서 활동하던 최근 모습에 이르기까지 영상으로 보이는 아들의 모습을 차분하게 응시한다. 뿐만 아니라 그 아들이 생모를 찾고 싶어서 아일랜드의 수녀원에 찾아갔던 이야기와, 그곳 수녀원에서 어머니가 아이를 완전히 버렸고, 수녀원에 찾아 온 적도 없다고 말했다는 이야기도 듣는다. 그리고 아들의 양부가 반대했지만, 자신의 조국 아일랜드에 시신을 묻어 달라고 친구에게 부탁, 지금 아일랜드 그 수녀원에 안장되어 있음도 알게 된다.

필로미나는 아일랜드로 돌아와 마틴과 함께 수녀원을 다시 찾아간다. 한 여인의 인생을 그토록 어둡고 슬프게 한 가해자들은 여전히 변명하며, 자신들의 엄청난 인권 유린 행위를 정당화하고 오히려 필로미나를 정죄한다. 기자 정신을 가진 마틴은 분노하며 수녀들을 향해 "위선을 벗고 필로미나에게 용서를 구하라"고 폭언을 쏟아 내지만, 필로미나는 가해자들을 향해 담담하게 "나는 당신들을 용서한다!"고 말한다.

평생 한을 품고, 상처 받으며 슬프게 살아 온 한 영혼이 뿜어내는, 너무나 관대한 아름다움이 관객을 사로잡는다. 지금까지도 아름답게 살아왔지만 어떤 상황에서도 여전히 향기를 풍기는 필로미나의 삶이 경이롭게 느껴진다. 예수는 십자가 상에서 일곱 가지의 말을 남기고 운명한다. 그 중 가장 먼저 한 말이 "저들을 용서하소서!"이다. 자신을 아프게 하고, 조롱하고, 죽게 한 인간들을 향하여 하나님께 마지막으로 요청하는 말을 남긴 것이다. "저들을 용서하소서!" 영화의 에필로그에서 필로미나는 평생 그리워하던 아들의 묘지 앞에 마틴과 함께 선다. 그녀는 "두 나라의 아들로 멋지게 살다가 이곳에 잠들다"는 비문을 담은 묘비가 세워진 무덤 앞에서 '다 이루었다'는 음성을 듣는 듯한 평안한 표정으로 서 있었다.

모든 사람을 형제의 정신으로 대하라

　인터넷에 이런 글을 올라왔다. "지금 당신의 삶이 고달프고 힘들다고 생각하는가? 그러면 영화 '노예 12년'을 보라!" 나는 동생과 함께 '노예 12년'을 보러 갔다. 영화를 보며 나의 심정은 내내 참담했다. 가슴이 답답해서 영화 중간에 나오고 싶었다. 그러나 영화 제목이 '노예 12년'이라 했으니, 12년만 참으면 회복될 것을 기대하면서 희망을 가지고 끝까지 보았다.

　주인공 솔로몬 노섭은 1840년대 미국 뉴욕에서 단란한 가정을 이루고 자유를 누리면서 살고 있던 바이올린 연주가이다. 어느 날 인신매매단에 납치되어 루이지애나로 팔려가 노예로 전락하고 만다. 그는 아무 죄도 짓지 않았고 아무 실수도 하지 않았지만 하루아침에 가정, 집, 이름과 직업을 잃게 된다. 정말 아무런 잘못을 저지르지 않았는데 말이다. 엄연히 자신의 이름을 가진 존재인데 새롭게 플랫이란 이름이 주어진다. "나는 플랫이 아니다"라고, "나는 노예가 아니다"라고, "나에겐 나의 이름이 있다"고 절규하는 솔로몬 노섭에게 먼저 잡혀 와

　　　　　　　　　　　　　　　이렇게 살아도 행복해

서 쓰라린 과정을 이미 겪은 한 친구가 충고한다. "살아남으려면 하라는 대로 하라"고. "노예는 글을 알면 안 되고, 노예인 당신은 플랫 외에 다른 이름을 가지면 안 된다"고 알려준다. 그러나 솔로몬 노섭은 강하게 저항하고 또 저항한다. 그는 "나는 생존(survive)하고 싶지 않다. 나는 살고(live) 싶다"라고 절규한다. 인간은 누구나 인간으로 태어났기 때문에 존엄한 존재다. 죽지 않고 살아서 숨만 쉬고 있다고 해서 사는 것이 아니고, 인간이기에 인간답게 살아야 인간인 것이다.

영화 '노예 12년'에서는 인간이 다른 인간에게 해서는 안 되는 잔인하고 파렴치한 행동을 서슴없이 저지르는 장면이 다수 나온다. 숨 막히는 순간들이 12년간 지속된다. 결국 주인공은 날이 가고 해가 가면서 노예로서의 삶을 현실로 받아들이고, 인간답게 사는 것을 체념한채 오직 살아남기 위해 싸운다. 살아남는 것이 우선임을 깨닫는다. 단란한 가정을 꾸미고 자유를 누리며 살던 한 가정의 가장이 그동안 너무나 당연하게 받아들였던 귀한 것들이 결코 당연한 것이 아니었음을 깨달아 간다. 나와는 상관없는 것으로 여겼던 이웃의 아픔이 결코 나와 무관한 것이 아니었음도 알게 된다. 결국 해피엔딩으로 마무리되는 영화의 마지막 장면을 보면서 나는 문득 깨달았다.

왜 하나님이 독생자 예수를 이 땅에 보내셨는지, 또 왜 그가 우리를 위해 죽어야 했는지 알 수 있을 것 같았다. 나를 포함한 모든 인간의 내면에 자리하고 있는 이기심과 사악함 때문인 것이다. 어떻게 인간은 이토록 타락하고, 잔인하고, 뻔뻔하고, 악할 수 있을까? 예수의 죽음이 부질없는 것이 되면 결코 안 된다. 그가 우리 죄를 대속하여 죽었는데, 우리 인간은 왜 이렇게 여전히 악하고 추하고 잔인하고 야비한걸까?

이러한 인간의 잔인함이 1·2차 세계 대전을 유발하고 수많은 사람들의 인간다운 삶을 파괴하였다. 전쟁의 피해는 결국 가장 작은 자들, 아동과 여성의 삶을 처참하게 만든다. 두 번에 걸친 세계 대전 후 국제연합은 세계인권선언문을 발표, 인간이 서로 남이 아닌 형제의 정신으로 살아보자고 강력하게 호소한다.

"모든 사람은 태어날 때부터 자유롭고, 존엄성과 권리에 있어서 평등하다. 사람은 이성과 양심을 부여받았으며 서로에게 형제의 정신으로 대하여야 한다."(세계인권선언문 제1조)

이렇게 살아도 행복해

'진미'의 행복을 후원하라

나는 오랫동안 이 영화의 개봉을 기다렸다. '가장 비밀스러운 나라, 가장 화제가 될 영화!'라고 스크린 데일리(Screen Daily)가 이 영화에 대해 예고하였다. "조작된 이상적 이미지에 대한 고발!"이라고 가디언지(The Guardian)는 평했다. 무엇보다 "러시아 베테랑 감독이 엄청난 일을 해냈다!"라는 시네유럽(Cineuropa)의 짧은 광고 문구때문에 개막을 기다렸던 것 같다. 2016년 4월에 이 영화가 개봉되었다. 이것은 재미난 영화가 아니다. 그런데 나는 그 영화를 보고, 다시 보고, 또 보았다. 북한 아동들의 삶에 대해 매체를 통해서나마 알아야만 했다.

영화 '태양 아래'는 러시아와 북한 정부의 지원으로 제작한 다큐멘터리이다. 평양 주민들의 삶을 있는 그대로 담담하게 그려내면 '리얼 다큐멘터리'가 된다. 그런데 왜 "러시아 베테랑 감독이 엄청난 일을 해냈다"는 극찬을 받게 되었을까? 베테랑 감독이어야만 해낼 수 있는 '엄청난 일'이 무엇인가?

'태양 아래'는 8살 소녀인 진미가 조선 소년단에 입단하고, 김일성 주석의 생일 기념 행사를 진행하는 과정을 담는다. 이러한 과정에서 평양시를 배경으로 그곳 주민들이 살아가는 일상을 담도록 기획되었다. 이 일을 다큐멘터리의 거장 비탈리 만스키(Vitaly Manskiy) 감독이 맡게 된다. 그러나 영화를 찍기 시작하면서 감독은 또 다른 감시원 감독이 검정색 옷을 입고 연출자들을 따라다니며 사사건건 지시하고 조작하는 모습을 보게 된다. 결국 만스키 감독은 러시아와 북한의 지원을 받으면서 김일성과 김정일이 북한 땅에 여전히 태양처럼 빛나고 있고, 주민들을 내려다보며 그들의 삶을 조정하는 현실을 하나씩 벗겨 낸다.

이 영화는, 8살 진미가 김일성 생일 축하 행사를 준비하면서 겪게 되는 일들을 중심으로 구성된다. 특히 진미가 춤을 배우는 장면이 인상적이다. 춤을 배울 때는 보통 발동작과 손동작 등 몸의 움직임을 배우면서 호흡을 터득하게 된다. 춤을 추면서 흥이 나면 즐거운 표정을 저절로 짓는다. 그러나 북한에서는 춤을 배울 때 동작과 호흡과 표정을 함께 배워야 한다는 걸 영화를 통해 알았다. 진미가 너무 지치고 졸려서 동작이 틀리자 선생님은 "머리가 아직 계산이 안된 것 같다. 세상에 더 힘든 게 많은데 이걸 못하면 어떻게 하니?"라며 나무란다.

만스키 감독은 영화를 촬영하면서 진미가 살고 있는 대형 아파트는 진미의 집이 아니고 촬영을 위한 세팅이고 진미가 부모와 함께 한 식탁에 차려진 진수성찬 역시 하나의 세팅임을 알게 됐다. 또한 부엌에는 조리 기구나 식기조차 없다는 것, 진미가 평양에서 가장 좋은

이렇게 살아도 행복해

학교에 다닌다고 했으나 그 학교는 촬영이 있는 날만 학생들이 오가고 그 외에는 비어 있다는 것, 영화에서 봉제 공장 기사로 나오는 진미의 아빠가 실제 봉제 공장 기술자가 아니라는 것, 진미 엄마가 두유 공장에서 일하는 모습을 촬영 했으나, 엄마는 식당의 단순 노동자라는 것 등 모든 것이 사실과 다르며 조작된 세팅임을 알게 된다. 그래서 만스키 감독은 자신이 아닌 또 다른 감독의 모습까지 찍고, 지혜롭게 평양 주민과 진미의 진짜 모습을 다큐멘터리에 담아낸다. 그리고 감독이 1년 간 평양에 머물면서 보고, 느끼고, 들은 진실을 자막으로 처리하여 전 세계에 알린다.

만스키 감독은 영화의 결말에 이르러 진미에게 차분하게 묻는다. "앞으로 기대되는 좋은 일이 뭐냐"고. 진미는 '좋은 일?'에 대하여 뭔가 생각해 내려고 애쓰지만 대답하지 못한다. 만스키 감독은 이전에 행복했던 일이 있으면, 그 일을 떠올려 보라고 한다. 그러나 진미는 어떤 행복했던 일도 떠올리지 못한다. 만스키 감독은 그러면 시와 같은 거라도 한번 외어 보라고 권한다. 아무 대답도 못하는 것이 민망스러웠던지 진미는 드디어 입을 열어 자신이 할 수 있는 최선의 것으로 답을 한다.

"김일성 대원수가 나를 세워주시고, 김정일 대원수가 나를 빛내 주시며, 김정은 원수가 나를 이끌어 주시니…."

진미의 그 맑고 고운 눈에 눈물이 가득 고이더니, 양 볼을 타고 주르르 흘러내린다.

평양의 인권을 위해서 기도하라

　　재미 소설가인 '수키 김'이 쓴 '평양의 영어선생님'은 작가가 북한 고
위층 아들들과 보낸 아주 특별한 체류기이다. 서울에서 태어난 수키
김은 중학교 1학년까지 마치고 부모를 따라 미국으로 이민했다. 뉴욕
의 콜롬비아 대학교에서 영문학을 전공하고, 영국 런던 대학원에서 동
양 문학을 공부했다. 그는 민족의 다양성을 뛰어나게 표현하는 작가
로 알려졌다. 또 미국인보다 더 아름다운 영어를 쓴다는 평가를 받는
작가이다. 이 책은 저자가 북한을 처음 방문했던 2002년 초, 평양과학
기술대학교의 이야기를 추적했던 2008-2011년, 그리고 또 다른 평양
체류 기간인 2011년 7-12월의 기사와 메모를 바탕으로 한 회고록이다.

　　북한의 인권상황을 자세히 알기를 원하는 내가 이 책을 통해 수키
김과 만날 수 있었던 것은 행운이었다. 내가 북한에 대해 정말 알고
자 하는 것은 눈에 보이는 현상보다 깊이 뿌리 내리고 있는 인권 침해
의 근원을 찾는 것이다.

　　수키 김은 평양과학기술대학교가 문을 연 첫 해에 북한의 고위층
자제들과 만났다. 어색한 첫 강의시간에 모든 학생이 일어나서 영어로

"안녕하십니까, 교수님!"이라고 합창하는 인사를 받자, 수키 김은 "안녕하세요, 젠틀맨!"이라고 답했다. 이에 학생들은 웃음을 터트렸다. 예기치 못한 호칭 '젠틀맨'에 대해 반응한 것이다. 이렇게 놀람과 설렘으로 학생들과의 만남이 시작됐다. 수키 김은 아주 특별하고 흥미로운 방법으로 영어를 가르치기 시작했다. 경직된 학생들을 편안하게 해주고, 지식이 아닌 생활을 영어로 구사하는 능력을 키워 주려 애쓴다.

첫 번째 과제로 학생들 자신의 이야기를 편지로 써서 보내달라고 한다. 말하자면 영어로 자기소개서를 작성하도록 요청한 것이다. 이들은 각각 아버지가 의사, 외교관, 과학자라며 골프를 치는 이야기, 옥류관에 가서 가족이 외식을 했다는 등의 이야기를 보내주었다. 그들은 분명 언론 매체에서 묘사된, 우리가 자주 볼 수 있는 그런 북한 주민은 아닌 것이 확실하다.

편지쓰기 이후 상식퀴즈, 스펠링 맞추기, 그림보고 단어 맞추기 등의 활동을 한다. 수키 김은 이 활동을 통해 북한의 최고 엘리트 학생들의 세상에 대한 일반적인 지식이 부족하다는 사실에 놀란다. 그들이 외부 세계로부터 완전하게 차단되어 있다는 것을 바로 알아차릴 수 있었다. 한 학생은 이런 질문을 한다. "이코노미 클래스가 뭡니까? 비행기 안에서 경제 수업을 합니까?"

수키 김은 이들이 바깥 세상으로 관심을 돌려 생각의 폭을 넓히기를 원했다. 한번은 이상적인 직업을 선택하기 위한 구직 신청서를 써

보자고 제안했다. 한참 설명을 해 주고 예를 들어 주었지만 결국 학생이 영어로 써 낸 문장은 "저는 직업이 없어서 직업을 원합니다." "저는 심심해서 일자리를 원합니다." 등의 수준이었다. 장차 채용되기 위해 고용주의 시각에서 자신을 시장성 있게 만든다는 개념은 존재하지 않았다. 수키 김은 북한 땅에서는 어떻게 직업을 얻게 되는지 물었다. 정부가 모든 것을 결정한다는 대답이 돌아왔다. 즉 성적으로 표시되는 개인의 능력, 친구와 교사들이 작성한 보고서, 그리고 당에 대한 충성심으로 결정된다는 것이었다. 그래서 북한에서는 구직신청서를 쓰지 않는다는 것이다.

수키 김은 학기말 고사로 에세이를 쓰도록 했다. 학생들이 제일 두려워하는 것이 에세이 쓰기였다. 에세이 쓰는 일로 그들은 엄청난 스트레스를 받는다고 했다. '재앙'이라고도 했다. 그러나 결국 학생들은 에세이를 쓰고, 수키 김은 학생들의 에세이에 점수를 매겼다. 그런데 한 학생이 점수에 대해 강한 불만을 표현했다. 그 학생은 자신이 쓴 에세이에 선생님이 '오케이'라고 써주어 만점에 가까운 점수를 기대했는데 정작 받은 점수는 87점이었다고 불평했다. 그에게 점수는 숫자 이상을 의미하는 것이기에 그것에 매달렸다. 수키 김에게 부당하다며 원망하며 화까지 내었다. 수키 김은 인내하며 조용히 기다렸다가 "자신 만의 견해를 가져야한다"고 충고했다. 그는 평생 반에서 톱을 지켜 온 스무 살 학생이다. 수키 김은 학생 자신의 견해, 자기 스스로에 대한 평가, 책임질 수 있는 능력을 존중한다고 말했다. 그리고 "이 나라에서는 '스스로 생각하는 능력'을 키우라고 장려한 적이 없겠지만, 그래야만 한다"고 강조했다. 학생은 고개를 끄덕이고 한참을 쉬었다가 조용히 말했다. "듣는 모든 것을 그대로 믿는 것이 버릇이 돼 버렸던 것 같습니다."

평양과학기술대학교에서 가르치며 함께 했던 홍콩 출신의 한 교사가 수키 김에게 한 말은 매우 인상적이다. "이곳에는 자유가 전혀 없어요. 그들은 우리를 계속 감시하고, 우리가 말하는 모든 것을 녹음하고, 우리에 관한 자료를 수집 한답니다. 이 사실을 알고난 후 내내 기분이 너무 나빴어요. 한 순간도 편하지가 않았어요. 끔찍한 음식과 모든 물자의 부족은 이해하겠지만, 정말 부족한건 그게 아니에요. 여기에는 '기본적인 인간의 존엄성'이 없어요."

제레미 리프킨은 "인권이란 사회에서 단절되며 배제된 자를 포함하고, 그 사이를 이어 모두가 평화롭게 공존할 수 있도록 하는 행동 기준"이라고 말한다.

수키 김은 평양에서 처음 몇 주간을 보낸 후 너무 절망적이어서 "이 땅에 구원은 없다"고 했다. 그러나 그는 여름과 가을 학기를 학생들과 함께 보내면서 일말의 희망의 실마리를 쥐고 뉴욕으로 돌아온다. 인간을 사랑하는 따뜻한 그녀의 마음에 학생들이 자신들의 굳은 마음을 아주 천천히 녹이며 변화의 기미를 보여 주었기 때문이다.

맺는 글

나는 북한에서 태어났다. 1950년 한국 전쟁이 일어났을 때, 8살이었다. 그때 나는 평안남도 진남포에 살고 있었다. 1·4 후퇴 때 우리 가족은 배를 타고, 남쪽으로 피난해 부산에서 잠시 살았다. 그 후 서울로 올라와, 전쟁 전에 남하한 외갓집 식구들과 만나면서 차츰 안정된 삶을 찾았다.

나는 내가 떠나온 고향이 늘 그립고, 그곳에 살고 있는 사람들의 삶이 너무나 궁금했다. 무엇보다도 그 땅에 살고 있는 아이들이 걱정되었다. 지난 60여 년간 남한 땅에 살면서 북한의 정보나 소식을 정확하게 아는 데는 늘 한계가 있었다. 어떤 한 부분에 대한 정보는 얻을 수 있었으나 그것이 전체가 될 수 없다고 생각했다. 내가 지금 살고 있는 남한은 매우 개방적이고 전 세계와 자유롭게 교류하여 전 세계가 우리를 보고 알 수 있다. 그러나 휴전선을 가운데 두고 갈라진 북쪽은 너무나 폐쇄적이어서 '세상에서 가장 비밀스러운 나라'로 알려지고 있다.

나는 최근 네덜란드에 본부를 둔 한 선교단체가 서울에서 진행하는 북한선교학교에 입학, 북한에 대한 전문적인 지식을 가진 다양한 분들을 만났다. 현장감 있는 강의를 들으며 북한 사회에 대해 많은 것을 배우고 이해하게 되었다. 강의를 통해 통일부 차관을 지낸 정치가로부터 경제인, 언론인, 학자, 종교인, 국제 NGO 활동가, 탈북 여성, 탈북 청년 등을 만났다. 그들 모두 평화통일을 염원하는 분들이었다. 그들을 통해서 북한의 정치 체제, 주체사상, 문화 생활, 경제, 북한 인권, 통일 시대와 북한 선교, 북한 내 한류 열풍, 국제 협력과 NGO를 통한 지원 등 다양한 분야의 정보를 얻을 수 있었다. 여름 내내 더위도 잊은 채 북한을 배웠다. 그러나 나에겐 채워지지 않은 갈망이 있었다. 북한 아이들의 삶에 대하여는 그 누구도 이야기 하지 않았다. 다만 북한 인권을 강의한 NGO 활동가가 강의 중 스쳐지나가듯 던진 한 마디가 마음을 무겁게 했다. 그는 북한에서는 '사상 및 표현과 종교의 자유'가 매우 심각하게 침해되고 있다고 했다. 북한은 최고지도자인 수령에 대한 절대 복종 체제를 확립하기 위해 철저히 정보를 독점한다. 그 NGO 활동가는 주민들을 어릴 때부터 세뇌하고, 그들의 사생활 감시하며 개인의 사상, 양심, 표현과 종교의 자유를 탄압하고 있다고 했다. 북한은 전 세계에서 종교 탄압, 특히 기독교 박해 순위가 제1위인 나라로 15년간 그 자리를 지키고 있다고도 했다.

　내 믿음의 뿌리는 북한 땅 평안남도 진남포에 있다. 나는 지금 아주 작은 개척교회에 다니고 있다. 큰아들이 목회하는 교회이다. 2016년 9월 4일 이 작은 교회는 '북한 교회 재건 현판식'을 했다. 1997년부터 감리교단의 서부연회가 후원한 북한 교회 재건 현판식 제97호로 인증을 받았다. 현판식에 참석한 백선기 장로는 아래와 같이 증언 했다.

"평양과 진남포 등에서 선교하던 광성학교 설립자인 홀 선교사의 전도로 개종하게 된 김보안 권사는 큰 포목점을 운영하면서 진남포 중앙교회에서 신앙생활을 했다. 1913년 김 권사가 벽돌건물의 예배당을 봉헌했다. 그 기념으로 교회 마당에 기념비가 세워졌다. 당시 유치원은 1920년대부터 있었는데 1930년대 말 일제의 훼방으로 폐쇄 되었다가 해방 이후 다시 개원했다. 김 권사의 손주들인 미국 감리교회 백서영 백승기 목사, 서울남연회 시온교회의 백선기 장로 3형제와 손녀 딸 백순실 권사는 초창기 중앙교회 유치원을 졸업했다. 이후 교회에서 신앙생활을 하다 3형제가 먼저 1948년 월남했다. 백순실 권사는 김 권사의 맏손녀로서 속장인 김 권사를 늘 따라다니며 신앙생활을 해서 어려서부터 '꼬마 속장'이라 불렸다.

당시 감리교는 북한에서 최고의 교단이었고 중앙교회는 진남포에서 가장 큰 교회였다.(중략) 중앙교회는 해방 후 공산 치하에서 현병찬 목사가 담임을 했다. 현 목사는 진남포 지방의 감리사였다. 한편 진남포에 남아 있던 백순실 권사의 자녀들은 1950년까지 다시 개원한 유치원을 다니며 신앙을 지켜왔다. 오늘 예배에는 백 권사의 장녀 김인숙 장로와 차녀 김인애 권사 자매가 참석했다."

1913년 홀 선교사의 전도로 기독교인이 된 김보안 권사는 나의 증조 할머니이다. 김보안 권사의 맏손녀 백순실 권사는 나의 어머니다. 나는 어릴 때부터 어머니로부터 증조할머니 김보안 권사의 믿음 생활에 대해 많은 이야기를 들으며 자랐다. 증조할머니로부터 시작된 믿음의 계보가 이어져 나의 아들이 지금은 무너져 없어졌지만, 통일이 되면 그 터에 '진남포 중앙교회'를 재건할 꿈과 비전을 가지게 되었다.

나에겐 꿈이 있다. 2008년에 나는 '크로싱'이란 영화를 보았다. 실화를 바탕으로 북한의 한 가정을 배경삼아 만든 영화다. 영화 속 아동의 삶이 너무 비참하고 아파서 차마 볼 수 없는 장면에서는 눈을 감고 싶었다. 결코 꾸며낸 이야기가 아니다. 영화 '크로싱'은 북한아동이 부모를 잃거나 부모와 강제 분리되어 보호자 없는 상태에서 굶어 죽고, 영양실조로 비참하게 죽어가고, 아파도 치료받지 못하고, 약조차 구할 수 없는 극한 상황에 처한 아동들의 삶을 가감 없이 보여주었다. 영화 '크로싱'의 주인공인 11살 준이의 삶을 나는 결코 잊지 못한다. 아니 잊어서도 안 된다.

2016년에 나는 영화 '태양 아래'를 보았다. 이 영화는 다큐멘터리이다. 지금 북한 아동이 살고있는 실상이다. 1993년부터 시작된 북한의

'고난의 행군' 시기에 300여 만 명이 아사했다는 보고가 있었다. 그간의 북한 아동인권 침해는 의식주와 관련된 기본권에 집중되었다면, 영화 '태양 아래'는 또 다른 아동인권 침해의 심각성을 고발하는 영화다. '태양 아래'의 주인공인 진미를 통해, 태어날 때부터 세뇌되어 인간이기 전에 체제의 일부가 되어버리는 아동의 모습을 목격하게 되었다. 이것은 권력자들이 체제유지를 위해 철저하게 아동과 청소년을 이용하는 심각한 인권침해의 모습이다.

나에겐 꿈이 있다. 마틴 루터 킹 목사가 '어린 흑인 소녀, 소년들이 백인 소년, 소녀들과 형제자매로서 손을 맞잡는 날이 있으리라는 꿈'을 지녔던 것처럼 나에게도 꿈이 있다. 북한의 아이들과 남한의 아이들이 진정한 형제자매로서 손을 맞잡는 날이 머지않아 오리라는 꿈이다. 북한의 아이, 남한의 아이만이 아니라 이 세상 모든 아이들이 힘 있는 자들에 의해 인권이 침해되거나 마음에 상처받고 눈에 눈물이 고이지 않는 세상을 만들어 가는 꿈을 꾼다. 또한 이 세상 모든 아이들이 형제자매로서 손을 맞잡으며 '고요히 배우고 즐겁게 뛰어 노는 세상'을 만드는 꿈이 있다. 나에게는 아직 그런 꿈이 있다.

이 책에 그런 내 꿈에 대한 소망을 담았다. 반드시 그 꿈 이뤄지리라……

이렇게 살아도 행복해